JN176966

実務のための

財産評価判例集

林 仲宣 著

税務経理協会

はしがき

憲法30条及び84条に立脚する租税法律主義に基づく税法学的な見地からすると，通達課税は批判の対象となっている。確かに税法の解釈と適用について，国税庁長官が発遣する各種通達の及ぼす影響は大きい。そのなかで批判が比較的少ない存在が，「財産評価基本通達」である。それは，財産評価，いわば時価評価について明確な評価基準がないことに他ならないといえる。

もっとも，土地に関しては，バブル経済がはじけ，いわゆる土地神話も崩壊したときに，本書でも取り上げた判例にも登場するが，不動産鑑定士による鑑定評価に基づき，相続税又は贈与税の申告書を提出し，課税庁と争った納税者はいた。しかし残念ながら，それらの鑑定評価は，納税者の意向に沿った恣意的な内容が多かったような気がするのは筆者だけではないと思える。当時，税理士業界の大先輩から，複数の鑑定評価を提示しないと裁判所を説得できないと説示されたことがあったが，その結論は，鑑定費用と節税額の比較などコスト感覚が必要というものだった。結局，「財産評価基本通達」の示す基準内容の是非ではなく，経済事情に追いつけない時間的な要素が論点だったといえよう。

本書は，平成に入ってからの「財産評価基本通達」の趣旨と各項目の考え方が争点となった39編の判例を検討している。税務訴訟の常であるが，納税者が勝訴した事例は少ない。しかし，訴訟のなかで，課税庁が，「財産評価基本通達」各項目の趣旨と意義を明確に主張し，それに対して裁判所が一応の結論を明示している。その内容は，国税庁が公表する質疑応答事例や公刊されている逐条解説等における一般的な解説と異なり，事実関係に応じて，より具体的な説明が目に付く。つまり，客観的な評価基準とされる「財産評価基本通達」に関する課税庁の姿勢と思想を判例を通じて理解できるといえよう。

本書の執筆は，当初は相当数の判例及び裁決例を検討する予定であったが，分析の結果，目的に合致した39編の判例に落ち着いた。企画の段階から2年以上を経過してしまったが，途中，挫折しそうになった筆書を叱咤激励していただいた，㈱税務経理協会・税経通信編集長の吉冨智子氏には心から感謝する次第である。

専修大学大学院法学研究科修士課程（林ゼミ）の有賀美保子さん，伊澤祐馬君，初鹿真奈さんには，校正等で協力をいただいた。

2015年（平成27年）1月

林　仲宣

（凡例等）

※TKC法律情報データベース（LEX／DBインターネット）については「TKC」，一般社団法人 日税連税法データベースについては「TAINS」と表記している。

※「財産評価基本通達」は，昭和39年4月に発遣された「相続税財産通達に関する基本通達」から，現行通達まで名称及び内容が改正されている。本書で取り上げた判例で争点となったのは，いうまでもなく当時において適用されていた通達であるが，本書の目的は，課税庁の考え方を理解することを第一としているため，名称については，すべて「評価通達」に統一し，現行通達と異なる表現・字句であっても，判決時のままで記載している。

※本書において「納税者の主張」「課税庁の主張」「判断の要旨」としている部分は，判例原文の一部を抜粋し，読みやすくするために用語等の一部変更を行っている。

※各判例に付されている図解は，各事例において争点となった内容に対する理解を助けるための参考として掲げているものであり，必ずしも事例の内容と完全に一致しているわけではない。

目　次

CASE
01 土地に関する評価通達の趣旨

[土地／評価単位は１筆か１画地か]

（参考）
静岡地方裁判所　昭和 63 年（行ウ）第 9 号　H5.5.14 判決　TKC22007317／TAINS Z195-7132
東京高等裁判所　平成 5 年（行コ）第 122 号　H6.1.26 判決　TKC22008385／TAINS Z200-7263
最高裁判所第二小法廷　平成 6 年（行ツ）第 85 号　H7.6.9 判決　TKC28020321／TAINS Z209-7530

贈与を受けた土地の共有持分を対象として，相続税法上の時価と財産の評価方法について言及した事例である。

財産の評価には，財産の価額に影響を及ぼすすべての事情を考慮すべきといっても，個別事情をどこまで斟酌するかは難しい。ただ，土地の１筆としての範囲に拘泥することなく，利用状況に応じて１画地の宅地ごとに評価するということは当然といえる。

１筆として評価するか

１画地の宅地ごとに評価するか

納税者の主張

①　評価通達は，宅地の評価に関し，１画地の宅地ごとに評価するものとし，「1 画地の宅地」であるか否かの認定基準は「利用の単位」によるものとしているが（評価通達 10），その文言上，右にいう「利用」が現実の利用を指していることは明らかであり，かつ，現実に利用しているかどうかを基準とすることが最も客観的かつ画一的な基準として妥当である。課税庁が，現実の利用以外の１画地の宅地の認定基準として種々主張するところは，いず

れも曖昧かつ不明確であって，課税庁の恣意的判断を許すことになり妥当ではないばかりでなく，他の評価実務と比較して一貫性がなく，本件に限った特異な理論であって，不当である。
② 本件評価土地について右の点をみるに，駅前共同ビルの建設が着工されたのは昭和 61 年であって，本件贈与がなされた時点では，まだ駅前共同ビル建設の準備段階にあったにすぎず，その敷地としての一体利用はされていない。また本件評価土地には，本件贈与当時において，一部有料駐車場に供されていた部分もあるが，それ以外に，他の形態によって利用されていた部分も残る状態であったから，到底，本件評価土地が 1 画地として現実に利用されていたということはできない。
③ 課税庁の主張の基準によることとしたとしても，本件贈与が行われた後に，複数の地権者が駅前共同ビル組合を現実に脱退し，その後も脱退希望者が現れるなどしたのであるから，本件贈与当時，駅前共同ビル組合に属する地権者すべてが駅前共同ビル建設を志向して一体となっていたとはいえないうえ，大手スーパーが出店することについては，地元商店街を中心として根強い反対運動が起きており，昭和 59 年 11 月 6 日に大店法 3 条申請を審議する事前の H 市商業活動調整協議会が結審した以後も反対運動が直ちに終息したものではなく，駅前共同ビル建設に当たっての障害は未だ存していたというべき状況下にあったのであるから，本件評価土地は，到底 1 画地としての利用の実額が確定的となっていたものともいえない。
④ 地元の行政庁として，本件土地の利用状況を知悉している H 市は，本件贈与当時，本件土地が使用収益されていなかったことから，固定資産税の課税については本件従前地の評価によっていたもので，昭和 61 年になって現実の建設工事に着手されて以後，はじめて駅前共同ビルの敷地を一体として一画地評価の方法により本件土地の価額を評価するようになったものである。したがって，本件贈与当時の本件土地の価額の評価に当たっては，1 画地評価によるべきではなく，個別評価によるべきことが明らかである。

課税庁の主張

①　贈与に係る財産の評価については評価通達が定められており，右によれば財産の評価に当たっては，その財産の価額に影響を及ぼすべきすべての事情を考慮することとし，宅地の価額は利用の単位となっている「1画地の宅地」ごとに評価するものとされている。そして，「1画地の宅地」を認定するに当たっては，単に現実の利用を伴うかどうかという事情によるにとどまらず，利用目的等を総合的に判断し土地全体としての状況を観察して定めるべきであるから，たとえ現実に利用されるに至っていない空閑地（未利用地）であっても，近い将来1画地として利用する目的が定まっており，その実現が確定的と認められる場合には，そのことも斟酌してこれを1画地の宅地であると判定すべきである。

②　本件評価土地について右の点を見るに，第一次仮換地指定においては，各仮換地ごとの利用が考慮されてその指定がなされたのに，共同開発グループの地権者（後にH駅前ビル建設準備組合を経て駅前共同ビル組合に属することとなる地権者）らの組替要請に応じてなされた第二次仮換地指定は，これにより駅前共同ビル組合に属する地権者に対して指定された本件土地を含む本件評価土地内の仮換地の所在状況が各仮換地ごとの利用を極端に困難ならしめるようなものであって，本件評価土地を一体利用する以外にその利用の方途が考えられないものであること，あるいは駅前共同ビル組合に属する地権者らを株主とするS社所有の土地が未だ空閑地の状態であった当時の本件評価土地を駐車場として利用していた際の，その利用状況などを勘案考慮すると，本件評価土地は，本件贈与時点において，経済的観点からみれば，あたかも駅前共同ビル組合に属する地権者らが共有していると同視し得る状態にあったものということができる。したがって，本件土地の価額の評価に当たっては1画地評価によるべきである。

③　納税者らが1画地評価を妨げる事情として主張する地元商店街の反対運動は，大店法3条申請を審議する事前のH市商業活動調整協議会の審議が結審した昭和59年8月30日以降は下火になっていて，本件贈与時の1

画地評価を妨げるものではない。また本件贈与後に駅前共同ビル組合を脱退した者がいるものの，本件贈与時において右の者らが同組合を脱退するかもしれないというような事情は顕在化しておらず，本件評価土地の評価が本件贈与時を基準にされるべきものである以上，本件贈与後に生じた右事情は1画地評価を妨げるものではない。
④　H市のした固定資産税の課税に係る本件従前地の評価は，本件贈与当時1画地評価の方法によってはいないが，右評価は，そもそも本件従前地を対象としているのであるから直接の参考にはならないものであるうえ，現実の利用状況を看過してされたものであって，1画地評価の妨げとなるものではない。

判断の要旨

①　相続税法22条は，贈与により取得した財産の価額は，特別の定めのあるものを除くほか，当該財産の取得の時における時価による旨規定しているところ，右の時価とは，贈与時における財産の現況に応じ，不特定多数の当事者間で自由な取引が行われる場合に通常成立すると認められる価額をいうものと解するのが相当である。
②　課税実務上，贈与により取得した財産の価額の評価が評価通達に従って行われていることは当裁判所に顕著であるところ，右のような課税実務の取扱いは，財産の時価を客観的に評価することは必ずしも容易なことではなく，また，納税者ごとに財産の評価の仕方が区々になることは公平の観点から見て好ましくないことに鑑み，さらに評価通達の内容が客観的かつ公平な評価をするうえで合理的な定めであると認められることに照らして，相当であるものというべきである。
③　贈与により取得した財産の時価が現況に応じて評価されるべきものである以上，右財産の評価に際しては，その財産の価額に影響を及ぼすべきすべての事情を考慮すべきこと（評価通達1（3））はもとより当然である。そして，かかる見地に立てば，贈与により取得した宅地の価額を評価するに際し

ては，必ずしも贈与された土地の1筆としての範囲に拘泥することなく，その宅地の利用状況に応じ，当該宅地の筆が他の宅地と一体となって利用されているのであれば，他の筆の宅地をも併せた利用の単位となっている1画地の宅地ごとに評価したうえで，個別の宅地を評価することとするのが相当であり（評価通達10），このことは，贈与された土地がその当時土地区画整理事業による仮換地指定をされている宅地であって，その価額を指定された仮換地の価額によって評価すべき場合（評価通達24）においても同様であるというべきである。

④　当該宅地が他の筆の宅地と一体となって利用され，これと併せて利用の単位である1画地の宅地を構成しているか否かの認定に当たっては，財産の時価が不特定多数の当事者間で自由な取引が行われる場合に通常成立すると認められる価額を指すものである以上，所有者の内心の意思にとどまるような主観的事情を斟酌することが相当でないことはいうまでもないが，財産の価額の評価に当たって価額に影響を及ぼすべきすべての事情を考慮すべきことからすれば，当該宅地と他の筆の宅地とが現実に一体となって建物の敷地等として利用されている場合にのみ，それを1画地の宅地と認定することが許されるとすることも相当ではない。すなわち，数筆の宅地が，現在においては空閑地であって，一体となって利用されているに至ってはいない段階であっても，その土地全体の状況と利用目的とを総合的に考慮し，近い将来それを1画地として利用する目的が具体的に定まっており，かつ，土地の状況その他からみてその実現が確定的であると認められるような場合においては，その数筆の宅地が利用の単位となっている1画地の宅地を構成するものとし，当該1画地の宅地についての価額の評価を通じて個別の宅地の価額を評価することが相当であるものと解される。

CASE 02

1画地の宅地の評価

[土地／1画地とは土地の区分ごとか全体か]

(参考)
静岡地方裁判所　平成17年（行ウ）第26号　H19.7.12判決　TKC25463413／TAINS Z257-10752
東京高等裁判所　平成19年（行コ）第280号　H20.2.21判決　TKC25470600／TAINS Z258-10899
最高裁判所第二小法廷　平成20年（行ツ）第152号　H20.7.4決定　TKC25470845／TAINS Z258-10983

相続税法が規定する「居住用不動産の贈与を受けた配偶者に対する控除の特例」により2,000万円を控除し，残額から基礎控除額を差し引き，納付すべき税額はゼロであると判断した贈与財産である土地を評価対象資産としている。

1画地とは課税価格算定に当たっての単位であり，1画地か否かの判断に際し，立法趣旨が異なる建築基準法上の定めを考慮しなければならない理由はないとされた事例である。

評価通達7-2の注書は，分割が著しく不合理であると認められるときは，その分割前の画地を1画地の宅地とする旨定めているが，本事案では，土地を東側部分と西側部分とに区分することは，まさに，著しく不合理な分割というべきであるから，土地は1画地として評価されるべきであるとしている。

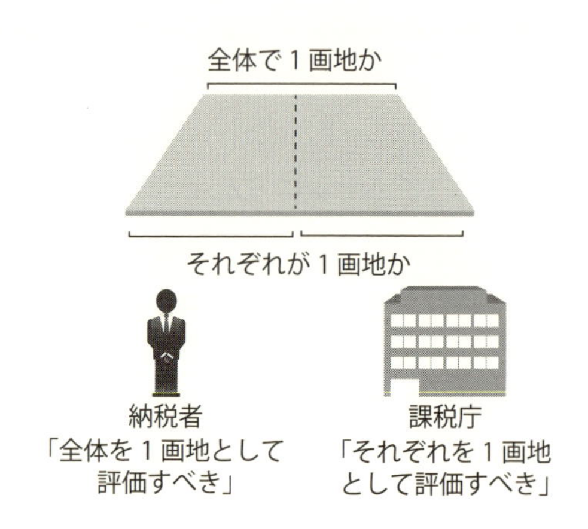

納税者の主張

課税庁は，課税評価に当たっては本件土地を西側部分と東側部分とに区分することができる旨主張するが，以下のとおり，このような区分は許されない。

① 納税者らは，昭和51年から翌年にかけて，その当時本件土地上にあった建築物をすべて取り壊し，居宅及び倉庫兼事務所を建築したのであるが，その前後を問わず，本件土地を一体として利用してきた。道路についても，納税者らは，日常，西側道路は使用しておらず，専ら東側道路を利用してきたものであり，南側敷地は，納税者らにとって東側道路に出るための通路として，日常の生活においてなくてはならないものである。

このように，従前，納税者らが一体として利用してきた本件土地を東側部分と西側部分とに区分して評価することは，実態にそぐわず不当である。

② 倉庫兼事務所の建築確認に当たって，市建築指導課は，昭和51年9月30日，A社による，その敷地面積を本件土地全体の地積である321.69平方メートルとし，居宅の増築工事として倉庫兼事務所を建築するとの申請を認めている。これは，居宅と倉庫兼事務所とが用途上不可分の関連建築物であることが公的に認められていたことの証左である。現に，納税者らは，倉庫兼事務所建築後は，休日には，本件居宅において，Aの仕事に関する電話を取ったり，作業の手配や連絡業務等を行ったりしてきたのであって，両建物は密接不可分の建築物として使用されてきたものである。

そして，建築基準法施行令1条1項は，敷地の定義を「一つの建築物又は用途上不可分の関係にある2以上の建築物のある一団の土地」である旨定めているところ，本件土地は，その上に用途上不可分の関係にある2以上の建築物があるものとして，同施行令上，一つの敷地としてみることができるのであるから，課税評価においても全体が1画地として評価されるべきである。

③ 仮に本件土地を東側部分と西側部分とに区分すると，西側部分は建築基準法上の道路には当たらない西側道路にのみ接することとなり，建築基準法

上の接道条件（建築基準法43参照）に関する規定上，新たな建築物を建設することが許されない土地となってしまう。評価通達7-2の注書は，分割が著しく不合理であると認められるときは，その分割前の画地を1画地の宅地とする旨定めているところ，本件土地を東側部分と西側部分とに区分することは，まさに，著しく不合理な分割というべきであるから，本件土地は1画地として評価されるべきである。

課税庁の主張

本件土地は，以下の理由から，課税評価に当たっては，西側部分と東側部分とに区分することができる。

(i) 本件土地及びその上に建築された両建物の外観上，本件土地は西側部分と東側部分とに明確に区分されているといえること。

(ii) 本件土地の現実の利用実態からは，西側部分は納税者らが居宅の敷地として日常的に利用し，東側部分はA社がその業務のために日常的に利用していた事実が認められること。

なお，納税者は，本件土地東側部分中の南側部分は，納税者らが日常的に通路として使用していた旨主張するが，かかる通行は，東側部分の利用者であるA社が納税者の夫が代表をつとめる同族法人であったことから，事実上可能であったにすぎないものであり，かかる通行により，納税者らが南側敷地を居宅の敷地として利用していたとまでは評価できないこと。

判断の要旨

① 評価通達7-2は，宅地の価額は1画地の宅地（利用の単位となっている1区画の宅地）を評価単位とする旨定めているところ，証拠によれば，課税実務上，1画地であるか否かの判断に際しては，原則として宅地の所有者による自由な使用収益を制約する他者の権利（原則として使用貸借による使用借権を除く。）の存在の有無を基準とし，他者の権利が存在する場合には，その権利の種類及び権利者の異なるごとに区分すること，例えば，所有する

宅地の一部について普通借地権又は定期借地権を設定させ，他の部分を自己が使用している場合には，それぞれの部分を１画地の宅地として扱っていることが認められる。

②　このような評価通達の定め及び課税実務上の取扱いに照らせば，評価通達が定めるところの「利用の単位となっている１区画の宅地」であるか否かを判断するに当たっては，対象地の外観，利用状況及び権利関係等を総合的に斟酌してこれを行うことが相当である。なぜなら，評価通達が定めるところの「利用の単位」を判断するに当たっては，対象地の利用状況あるいは権利関係が重要な要素となることはもちろんのこと，対象地の実際の利用実態を推認させる事情として，対象地の外観も重要な要素をなすものということができるうえ，前記の課税実務においても，宅地上に設定された権利が使用借権かそれ以外の権利であるのかが１画地であるか否かを判断するに当たっての重要な要素とされてはいるものの，必ずしも，それのみが基準となっているものではないと認めることができるからである。

CASE

03 評価通達と租税法律主義

［土地／評価通達は租税法律主義を定める憲法 84 条に違反するか］

（参考）
大阪地方裁判所　平成 3 年（行ウ）第 17 号他　H4.9.22 判決　TKC22007003／TAINS Z192-6969
大阪高等裁判所　平成 4 年（行コ）第 41 号　H7.7.26 判決　TKC28021455／TAINS Z213-7558
最高裁判所第三小法廷　平成 7 年（行ツ）第 198 号　H9.2.25 判決　TKC28040440／TAINS Z222-7864

評価対象資産は，相続財産に含まれる土地であるが，評価通達は憲法 84 条に違反しないとされた事例である。税法の研究領域では，通達の規範性・法規性に対する疑義から通達課税の議論は多い。そのなかで評価通達に対する議論は確かに少ない。裁判所がいうように，税務行政の適正，合理的処理，納税者間の公平性の観点からして，特別の事情（納税者の反論等）のない限り，適正妥当なものと考えるからであろうか。もっとも土地評価において，不動産鑑定士による鑑定価格に基づく反論が斥けられる事例の多さを踏まえると納得できない部分も生じる。

⇒租税法律主義を定める
憲法 84 条違反か？

財産評価基本通達・
評価基準

納税者の主張

通達は法規の性質をもたないし，評価通達及び評価基準が公平性，合理性を有するとは限らない。通達に基づくところの路線価が時価よりも大幅に低いことは周知の事実であり，売買価格は常に路線価を大幅に上回るものである。したがって，個別的な取引事例が路線価を上回ったとしても，その評価が正当であったということにはならず，路線価による評価は，少なくとも同一都市間で，公平性，合理性を具有していることが必要であり，課税庁らは，当該土地の具体的状況に応じた路線価の均衡性，整合性を売買実例をもって証明する義務がある。

課税庁の主張

相続財産の具体的な評価は，国税庁長官が各国税局長にあて通達した「相続税財産評価に関する基本通達」（昭和 39 年 4 月 25 日付け直資 56・直審（資）17 及び毎年各国税局長が定めた相続税財産評価基準に基づき評価するのが相当であるから，以下も，これら（ただし，評価基準については，本件相続開始時の属する昭和 62 年分の，後記宅地等の所在する地域に適用される大阪国税局の評価基準）に基づき評価したものである。

判断の要旨

① 相続税法における相続財産の価額は，同法 23 条以下数条に規定する財産を除き，財産取得時における時価による（相法 22）ものとされている。ところで，証拠及び弁論の全趣旨によれば，相続財産評価については，国税庁長官が各国税局長あてに通達した評価通達及び毎年各国税局長が定めた評価基準が存し，評価通達においては，宅地の評価については 1 画地ごとに路線価方式又は倍率方式によってこれを評価すべきものとされており，大阪国税局長は評価通達を受けて毎年評価基準を制定し，当該宅地が路線価方式と倍率方式のいずれの評価方法によるべきかを定め，かつ，路線価設定地域図をもってその路線価を定めていること，その路線価は，宅地の価格がおおむね同一と認められる一連の宅地が面している道路ごとに 1 平方メートル当たりの宅地（標準画地）の価格を表示したものであり，毎年，売買実例価格，前年の路線価，接続地域との均衡，精通者の意見等を参酌して定められ，実勢価格をかなり正確に反映していることが認められる。

② 通達は法規の性質をもたないものの，評価基本通達並びに評価基準による評価は，税務行政の適正，合理的処理，納税者間の公平性の観点からして，

特別の事情（納税者の反論等）のない限り，適正妥当なものというべきであって，かく解したところで何ら憲法 84 条に違反するものではない（この点に関する納税者の憲法 84 条違反の主張は採用の限りでない。)。

CASE 04

土地に関する評価通達の趣旨

[土地／評価通達によらない評価方式は認められるか]

（参考）
東京地方裁判所　平成2年（行ウ）第92号　H5.2.16判決　TKC22007101／TAINS Z194-7076
東京高等裁判所　平成5年（行コ）第35号　H5.12.21判決　TKC22007907／TAINS Z199-7251

相続財産に含まれる不動産を評価対象とし，相続財産の評価と評価通達との関係に言及した事例である。本事案はバブル経済時代の地価が高騰していた時代の話である。昭和63年12月の租税特別措置法の改正による相続開始前3年以内に取得した相続不動産の価額を取得価額によって評価するという特例，いわゆる3年縛りといわれた節税封じ策が新設された頃である。この新制度を踏まえて，評価通達による評価額ではなく購入価額に視点をおいて判断を課税庁が考案したと推察できる内容である。被相続人が入院したために相続税対策に着手したと思われるが，地価高騰が路線価等にも大きく反映し始めた時期の寓話ともいえる。

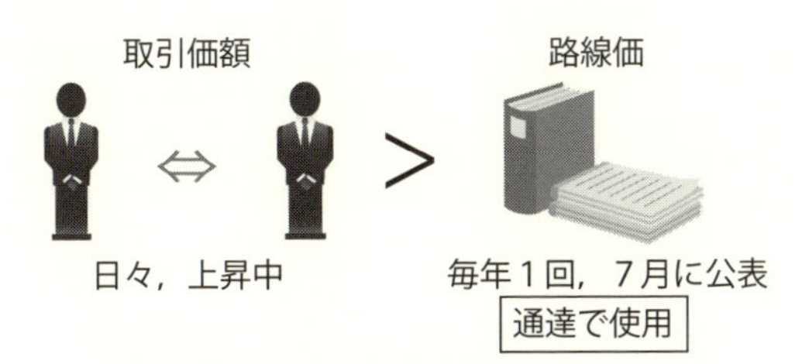

納税者の主張

①　評価通達による相続財産の評価方法は，納税者にとって既に事実たる慣習あるいは行政先例法として確立しているものというべきであるから，本件

評価係争物件について右通達以外の方法で評価することは許されない。

課税庁の主張は，被相続人の一連の行為が相続税の回避行為に当たるとして，そのことを理由に本件評価係争物件の評価について評価通達による評価方法を適用することを否認しようとするものである。しかし，被相続人の行為の主目的が相続税の回避ではなかったことは後記のとおりであって，右行為は租税回避行為に当たらないし，仮に被相続人の行為が租税回避行為に当たるとしても，このような否認は，租税法律主義の原則からして許されないものというべきである。すなわち，現行の税法には，一般的に租税回避行為を否認することができる旨の規定はおかれておらず，租税回避行為を否認して課税処分を行うことが許されるためには，個別にそのための法律上の根拠が必要なものとされているところ，本件のような場合について租税回避行為の否認を認める規定は存在しないからである。

② 昭和63年12月の租税特別措置法の改正（同年法律第109号）により同法69条の4の規定が新設され，評価通達による不動産の評価額と実勢価額の差を利用して相続税の節税を図るという動きに対処するため，昭和63年12月31日以降に開始した相続から，相続開始前3年以内に取得した相続不動産の価額を取得価額によって評価するという特例が新設されるに至った。この租税特別措置法の改正は，相続税法22条の「時価」の意義について，確認的なものではなく創設的なものと解されるのであって，このことからしても，右昭和63年12月31日以前に開始した相続に係る財産について，取得価額で評価することは許されないものというべきである。

③ 被相続人による本件評価係争物件の取得行為は，一面において相続税の節税対策として行われたものではあるが，その主たる目的は，自己所有の不動産から低廉な地代収入しか得ることができていなかった被相続人が，納税者らの協力のもとに，所有不動産について，より高額の地代収入が得られるような物件への買換えを行い，あるいは当時の地価高騰の傾向のもとで譲渡益を得ることにあったのであって，ごく通常の経済取引行為の性質をもつものであるから，殊更に租税回避を目的とした不当な行為と目されるべきもの

ではない。現に，被相続人は，借入金で不動産を購入するばかりではなく，生前において14億円弱に相当する不動産の売却を行っているのである。したがって，仮に，課税庁主張の要件の下で評価基本通達によらないで相続財産を評価することが許されるとしても，本件においては，右要件を欠き，評価通達に定められた評価方式によらないことが正当として是認されるとはいえないものである。

課税庁の主張

①　評価通達の路線価方式等による相続財産評価額は，評価の安全性を確保する等の趣旨から，一般に，実際の取引価額に比してごく控えめな評価額となっている。そのため，相続の開始に先立って金融機関等から資金の借入れを行って不動産を購入した場合には，この不動産の相続財産としての価額を路線価方式等によって行うこととすると，その評価額と実際の取引価額との差額に相当する分について相続税の課税標準が圧縮されることとなり，更にこれに加えて右の借入金債務が積極財産の評価額から控除して計算されることとなるので，右のような方策がとられなかった場合に比較して大幅に相続税の負担が軽減されることとなる。

②　このようなことからすれば，〔1〕相続開始前に，被相続人の健康状態の変化等を契機として，合理的な取得理由がないのに，借入金，預貯金の払戻等により資金を調達して不動産を購入し，〔2〕当該不動産を評価通達に定める路線価等によって評価した場合には実際の取得価額との間に著しい開差が生じ，〔3〕このことにより，当該不動産を路線価等で評価すると，右不動産を取得しなかった場合に比べて多額の相続税が減額されることとなり，課税の公平原則から看過し難い事態を招くという場合には，本来，形式的，一律的に評価基本通達に定められた評価方法で評価することが租税負担の実質的な公平を実現することになるとの右通達の目的・趣旨に反し，かえって相続税負担の著しい不平等を生じることとなる。したがって，このような場合には，同通達に定められた評価方法によらないことが正当として是認され

るものというべきである。
③　本件評価係争物件は，いずれも，昭和 61 年 8 月 19 日に被相続人が救急車で運ばれて入院するという同人の健康状態の変化を契機として，経済的にみて合理的な取得理由もないのに，多数の不動産を所有していた一郎について相続が開始した場合に上記のような方法で相続税を節減することを主たる目的として，相続開始の直前の時期に金融機関から多額の資金を借り入れて購入され，相続開始後納税者らの手で他に売却処分され，その売却代金が右の借入金の弁済に充当されているというものである。そして，本件評価係争物件の相続財産としての評価を評価基本通達に定める路線価方式等の方法によって行った場合の価額と実際の取得価額との間には，別表六の「評価通達に基づく路線価評価等の価額」欄の合計欄にパーセントで示したとおり，著しい開差が生じることとなる。さらに，本件評価係争物件の相続財産としての評価を評価通達に定める路線価方式等の方法によって行うと，右のように借入金によって不動産を取得しなかった場合に比べて約 33 億円もの多額の相続税が減額されることとなり，課税の公平原則から看過し難い事態を招来する。したがって，このような場合には，評価通達によらないことが正当として是認され，他の客観的な交換価格を評価する方法によって評価すべきものである。そして，本件評価係争物件については，相続開始に近い時点で現実に行われた前記の購入の際の取得価額が，その客観的な交換価格を現しているものと解されるところである。

判断の要旨

①　相続税法 22 条は，相続税の課税価格となる相続財産の価額は，特別に定める場合を除き，当該財産の取得の時における時価によるべき旨を規定しているところ，右の時価とは相続開始時における当該財産の客観的な交換価格をいうものと解するのが相当である。
②　財産の客観的な交換価格というものが必ずしも一義的に確定されるものではないことから，課税実務上は，相続財産評価の一般的規準が評価通達に

よって定められ，そこに定められた画一的な評価方式によって相続財産を評価することとされている。これは，相続財産の客観的な交換価格を個別に評価する方法をとると，その評価方式，基礎資料の選択の仕方等により異なった評価価額が生じることが避け難く，また，課税庁の事務負担が重くなり，課税事務の迅速な処理が困難となるおそれがあること等からして，あらかじめ定められた評価方式によりこれを画一的に評価する方が，納税者間の公平，納税者の便宜，徴税費用の節減という見地からみて合理的であるという理由に基づくものと解される。

③　特に租税平等主義という観点からして，右通達に定められた評価方式が合理的なものである限り，これが形式的にすべての納税者に適用されることによって租税負担の実質的な公平をも実現することができるものと解されるから，特定の納税者あるいは特定の相続財産についてのみ右通達に定める方式以外の方法によって評価を行うことは，たとえその方法による評価額がそれ自体としては相続税法22条の定める時価として許容できる範囲内のものであったとしても，納税者間の実質的負担の公平を欠くことになり，原則として許されないものというべきである。

④　他方，右通達に定められた評価方式によるべきであるとする趣旨が右のようなものであることからすれば，右の評価方式を画一的に適用するという形式的な平等を貫くことによって，富の再分配機能を通じて経済的平等を実現するという相続税の目的に反し，かえって実質的な租税負担の公平を著しく害することが明らかである等の特別の事情がある場合には，例外的に他の合理的な時価の評価方式によることが許されるものと解するのが相当である。このことは，右通達において「通達の定めによって評価することが著しく不適当と認められる財産の価額は，国税庁長官の指示を受けて評価する。」と定められていることからも明らかなものというべきである。

⑤　相続税法22条にいう「時価」が，相続開始時における当該財産の客観的な交換価格をいうものと解すべきことは前記のとおりであり，しかも，この客観的な交換価格というものは必ずしも一義的に確定され得るものではな

く，当然に一定の幅をもった概念として理解されるべきものであることはいうまでもないところである。そうすると，評価通達による評価額というものも，右のような一定の幅をもった時価の概念に含まれる一つの具体的な価額にとどまるものと考えられ，これ以外の方法によって算定された具体的な価額が，相続税法 22 条にいう「時価」の概念から一切排除されるものと解すべき法律上の根拠はない。すなわち，右評価通達による評価方法以外の方法によって算定された価額であっても，それが右のような意味での「時価」の概念の範囲に含まれるものであるときには，それもまた相続税法 22 条にいう「時価」に該当するものとすることに，法解釈上の支障はないものと考えられるところである。したがって，右のとおり，他の納税者との間での実質的な税負担の公平を図るという合理的な理由が存在している場合に，評価基本通達に定められた方法という通常の方法によるのではなく，他の客観的な交換価格によるという特別の方法による評価を行うことも，何ら法の規定に反するものではないと考えられる。

CASE 05

土地に関する評価通達と租税平等主義

[土地／評価通達による評価額と取得価額等による市場価格]

（参考）
東京地方裁判所　平成2年（行ウ）第184号　H4.7.29判決　TKC22005631／TAINS Z192-6947
東京高等裁判所　平成4年（行コ）第93号　H5.3.15判決　TKC27817121／TAINS Z194-7095

相続税法上の時価と評価基本通達の関係について言及した事例であり，評価対象資産は，相続財産に含まれる土地である。土地の相続財産としての価額を評価通達による評価額とすべきか，それとも評価通達にはよらず取得価額等から算定した客観的な市場価格であるかが争点となった。

本事案における課税庁の主張は，なかなか厳しい。すなわち評価通達による土地の評価額とその取引価格との間にある開差を悪用して…というものである。まさしく地価が高騰したバブル時代の話であり，究極の相続税対策として喧伝されてから久しい。結論は，課税庁の伝家の宝刀である課税の不公平を助長するという指弾である。ただ納税者が実勢価格ではなく評価通達による評価方法を主張することは珍しい事例といえる。

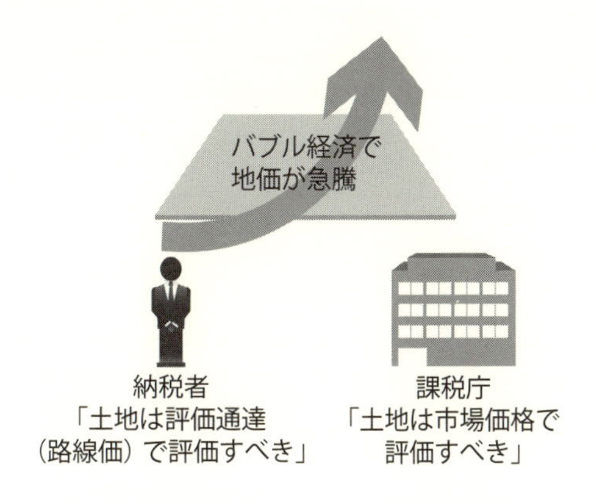

納税者の主張

①　税法上の「時価」の概念は，各法律ごとに，それぞれの課税目的に沿って個別的，相対的に解釈されるべきものであるところ，相続税は，人の死亡による偶発的，包括的な財産の取得を課税原因として課される税であり，しかも土地の場合はその正確な時価を把握することが容易でないことから，相続財産としての土地の評価に当たっては，評価の安全性を見込んだ，比較的低い価額でその時価を評価せざるを得ないことになる。評価通達による土地の評価手法は，このような事情を基に規定されているものであるから，この評価通達による評価額が，まさに相続税法22条にいう「時価」に他ならない。したがって，本件土地について，相続開始時に近接する時点での取引価格等からその客観的な市場価格を明らかにできる場合であっても，評価通達に定める方法以外の方法でその評価を行うことは相続税法22条の法意に反し，その解釈適用を誤るものである。

②　評価通達による評価の方法は，その制定以来長期にわたって不特定多数の納税者に対して反復継続して適用されてきており，国民一般の間に一つの規範として定着するに至っている。すなわち，土地についてはその相続財産としての価額を評価通達に定める方法によって評価するということは，既に慣習法たる行政先例法として確立するに至っているものというべきであり，課税庁も右行政先例法に拘束されるから，特定の土地についてのみ評価基本通達に定めるものとは異なる方法によってその評価を行うことは許されない。

このことは，昭和63年の法改正によって租税特別措置法69条の4の規定が新設され，相続開始前3年以内に取得した土地等については，相続税法22条の規定にかかわらず，取得価額を課税価格とするものと定められるに至ったことによっても裏付けられているものと考えられる。というのは，この法改正は，不動産の実勢価額と評価通達による評価額との間に開きがあることに着目して借入金によって不動産を取得するという形で行われる租税回避行為に対する対抗措置として行われたものとされており，その実質は，評価通達に対する特別規定の制定に他ならない。すなわち，このような評価通達に対する特例を定めるのに法律の形式をもって規定することとしたこと自体，評価通達が既に行政先例法として確立していることを法律自体が認めたことになるからである。

③　相続財産たる土地の評価については，通常の取引価格よりも低い水準の評価通達の定める方法による評価が一律に行われているのであるから，本件土地についてのみ評価通達による水準より高い水準によってその評価を行うことは，憲法14条1項の定める平等原則あるいは租税平等原則に反するものであって，許されない。

④　評価通達は，課税庁自らが制定して公表し，長期間にわたって反復継続して適用してきたため，国民の間にも定着し，その信頼を得るに至っている。したがって，特定の土地についてのみ評価通達の定める方法によらず，別の方法によってより高く評価するということは，禁反言の法理，信義則及び信頼保護の原則に反するものとして，許されない。

評価方法の変更に関する課税庁の主張によれば，いかなる場合に，課税庁の主張する評価通達による方法以外の方法によった評価が行われるべきこととなるのかが全く不明確であり，法的安定性や納税者にとっての予測可能性を害し，課税庁の恣意的課税を許すことになる。

また，右主張に従えば，そもそも純粋に客観的であるべき相続財産の評価について当該不動産の取得の動機，目的等といった主観的要素を斟酌することとなるが，このような不明確な要件のもとに相続財産の評価の方法の変更を認めることは，財産評価に名を借りた懲罰課税を容認することとなり，租税法律主義の立場からして到底許されない。

⑤　本件のように相続財産の評価方法を変更することは当該財産の取得行為を否認することにほかならず，法の個別規定がない場合は許されないものと解される。昭和63年の租税特別措置法69条の4の規定の新設は法が否認規定を設けたものであり，本件相続時には右の規定がなかった以上，評価方法を変更することはできないものというべきである。

本件借入及び本件土地購入は，首都圏において地価が急騰していた当時において，転売利益を図ることをも目的として行われた通常の取引行為であって，経済的合理性を欠く異常な取引ということはできない。

課税庁の主張

① 本件土地については，その取得の経緯等からして，その相続財産としての価額の評価を評価基本通達の定めによって行うべきものではなく，その現実の取得額等から算定したその客観的に市場価格である16億6,100万円をもってその価額とすべきである。

② 相続税法22条は，相続税の課税価格となる相続により取得した財産の価額は，当該財産の取得の時における時価によるものとしており，この時価とは，相続開始時において，それぞれの財産の現況に応じ，不特定多数の当事者間で自由な取引が行われる場合に通常成立すると認められる価額をいうものと解されている。しかし，財産の客観的な交換価格を算定することは必ずしも容易でないことから，評価通達は，課税の公平を期し，簡易迅速な処理を図るために，財産評価の一般的な基準としていわゆる路線価方式等の評価方式を設け，この基準によった評価を行うこととしている。

③ 評価通達は，一般的で通常の状態にある財産についての基本的な評価方法を定めたものにすぎず，特殊な状況にある財産については，これに応じた合理的な評価を予定している。このことは，例えば使用貸借に係る土地等については評価通達とは別に個別通達でその取扱いが定められ，また，評価通達自身においても，「この通達の定めによって評価することが著しく不適当と認められる財産の価額は，国税庁長官の指示を受けて評価する」（評価通達6）と定められていることからも明らかである。

④ したがって，簡易な時価の算定方式である右の路線価方式等による評価額が不合理であるとか，この方式によって評価をすることが課税の公平を害する結果となるという場合のように，評価通達に定められた評価方式によることが著しく不適当と認められる特別な事情がある場合に，他に当該財産の客観的な交換価格を評価する方法があれば，評価通達の定める方法によらず，

この客観的に交換価格を評価する方法によって，財産の評価を行うべきである。

⑤　土地の価額の高騰期において，被相続人が，評価通達に定められた方法による相続財産評価額と現実の取引価額との間に開差を生じていることを悪用して相続税の負担を免れるという状況を作り出しているような場合には，その土地を評価通達の定める方法によって評価することは，富の再配分機能を通じて経済的平等を図るという相続税の目的を阻害し，このような工作をするための多額の借入金の担保となる資産を有しない他の納税者との間で課税負担の公平を大きく害することとなり，租税公平主義に反して著しく不適当である。

⑥　本件においては，評価通達による本件土地の評価額とその取引価格との間にある開差を悪用して，被相続人が相続開始直前に経済的合理性を無視した異常に高額な金員の借入れを行って本件土地を取得し，本件相続の開始後納税者らが本件土地を売却して右借入金を返済することにより，本来の相続財産には何ら実質的に変動がないにもかかわらず，右の本件土地の評価額の開差に相当する余剰債務を発生させて，相続税の負担を軽減するという状況を作り出しているのである。したがって，本件土地の相続財産としての評価額を評価通達によって評価することは，課税の不公平を助長することとなって著しく不適当であり，その価額の評価は，その客観的な交換価格によって行うべきである。

判断の要旨

①　相続税法22条は，相続税の課税価格となる相続財産の価額は，特別に定める場合を除き，当該財産の取得時における時価によるべき旨を規定しているところ，右の時価とは相続開始時における当該財産の客観的な交換価格をいうものと解するのが相当である。

②　財産の客観的な交換価格は必ずしも一義的に確定されるものではないことから，課税実務上は，相続財産評価の一般的基準が評価通達によって定め

られ，そこに定められた画一的な評価方式によって相続財産を評価することとされている。これは，相続財産の客観的な交換価格を個別に評価する方法を採ると，その評価方式，基礎資料の選択の仕方等により異なった評価価額が生じることを避け難く，また，課税庁の事務負担が重くなり，課税事務の迅速な処理が困難となるおそれがあることなどからして，あらかじめ定められた評価方式によりこれを画一的に評価する方が，納税者間の公平，納税者の便宜，徴税費用の節減という見地からみて合理的であるという理由に基づくものである。
③　時に租税平等主義という観点からして，これが形式的にすべての納税者に適用されることによって租税負担の実質的な公平をも実現することができるから，特定の納税者あるいは特定の相続財産についてのみ評価通達に定める方式以外の方法によってその評価を行うことは，たとえその方法による評価額がそれ自体としては相続税法22条の定める時価として許容できる範囲内のものであったとしても，納税者間の実質的負担の公平を欠くことになり，原則として許されないものというべきである。
④　しかし，他方，評価通達に定められた評価方式によるべきであるとする趣旨が右のようなものであることからすれば，右の評価方式を画一的に適用するという形式的な平等を貫くことによって，富の再分配機能を通じて経済的平等を実現するという相続税の目的に反し，かえって実質的な租税負担の公平を著しく害することが明らかである等の特別な事情がある場合には，例外的に相続税法22条の「時価」を算定する他の合理的な方式によることが許されるものと解すべきであり，このことは，評価通達6において「この通達の定めによって評価することが著しく不適当と認められる財産の価額は，国税庁長官の指示を受けて評価する」と定められていることからも明らかである。

CASE
06 倍率評価の妥当性

［土地／評価通達における倍率評価による評価は妥当か］

（参考）
千葉地方裁判所　平成 4 年（行ウ）第 21 号　H7.4.24 判決　TKC28020301／TAINS Z209-7505
東京高等裁判所　平成 7 年（行コ）第 70 号　H7.12.18 判決　TKC28021627／TAINS Z214-7632

相続により取得した土地の評価について，評価通達による評価の妥当性を容認した事例である。倍率評価における区分地域を大字を単位とする方法について格差の是正を納税者が主張した。土地の評価方法において，通常，路線価方式の方が経験やテクニックを要すると実務上考えられているが，一方，倍率方式は機械的な計算で評価額が算出できることから議論が少ない。本事案は，この倍率方式による評価額が争点となった珍しい事案である。

【土地の評価方法】

路線価が定められている地域⇒ 路線価方式

路線価が定められていない地域⇒ 倍率方式

納税者の主張

① 相続税法 22 条にいう時価として評価される額が通常取引額より低額となれば，評価倍率がどのような倍率であってもよいといえないことは当然である。そもそも憲法 14 条 1 項は，租税負担の平等原則を規定し，相続税法 22 条にいう時価の概念が本来他の土地との比較を含むものであることからしても，評価倍率の適用による評価額は，他の土地と均衡がとれていることが法律上要請されているというべきである。したがって，税務署長の課税処分においては，通常取引価額が同じであれば評価額も同じであることが前提

とされるべきであり，その処分の内容が右均衡を失している場合は，憲法14条1項，相続税法22条に違反することになる。

② 国税局長は，他の地域については，評価倍率を定めるに際し必ずしも大字ごとに決めているわけではなく，その中で特定の小字を指定したり，幹線道路沿いの部分を区別して定めたりしている。にもかかわらず，本件において，課税庁は，関連地域の地理的条件の差等を実質的に考慮せずに，大字の名が同じであることから漫然と同様に評価することにより，著しい格差を生じさせている。

判断の要旨

① 評価通達にいう「類似する地域」として，評価倍率表においては，原則として市町村内の町（丁目）又は大字ごとに倍率が定められており，I市内の本件相続により取得した各土地が存在する地域については大字ごとの評価倍率が定められている。これは，右のような地域の単位が行政区画としてまとまった地域であり，ことに大字は，歴史的にみても道路，河川，水路，山の尾根，谷，崖，湖沼等で区画されている場合が多く，このため土地の地目ごとの利用形態は勿論のこと，地勢，土性，土層，水利，農林産物の搬出の便等の状況も比較的似通っており，土地の価額も類似していると考えられるとともに，納税者にとっても風土，慣習，行政上の地域区分等から評価上の単位として最もなじみやすく，かつ，課税行政における経済性，技術面等をも含めて総合的に判断した場合，この方法が合理性を有することによるものと考えられる。仮にこのような大字の単位の原則に広範な例外を認め，より狭い範囲の地域を単位とするとすれば，評価倍率を定めるための事務量，経費等の膨大な負担増加を招くだけでなく，評価倍率を算定する根拠となる売買実例が少なくなり，結果として評価自体の正確性を損なうおそれもあり，課税の不安定，ひいては納税者の不利益という好ましからざる事態に立ち至るおそれがあると考えられる。

② 大字単位に評価倍率を定める原則について例外を認める場合にどの程度

の個別事情を考慮すべきかは，評価精度の向上と事務量及び徴税経費の抑制，売買実例の確保等の諸要素の比較衡量によることになり，技術的，専門的，政策的判断にわたるものである。よって，大字単位に評価倍率を定める方法が著しく合理性を欠くとか，他に全国的にも通用し得る簡易かつ適正な方法を採りうるといった特段の事情が存しない限り，大字を地域の単位とする右方法は，合理的な評価方法として一応是認することができる。

CASE

07 土地に関する評価通達の意義

［土地／評価通達の評価を修正すべき特別の事情があるといえるか］

（参考）
東京地方裁判所　平成 8 年（行ウ）第 148 号　H10.2.24 判決　TKC28050947／TAINS Z230-8090
東京高等裁判所　平成 10 年（行コ）第 48 号　H10.7.29 判決　TKC28052437／TAINS Z237-8218

相続財産に含まれる土地の財産評価において，宅地の評価を修正すべき特別の事情はないことから，各路線価を基に評価を容認した事例である。評価方法が租税負担の実質的な公平を著しく害することが明らかな特別の事情がある場合を除き，相続財産の評価は評価通達の定める評価方法によるべきであるという原則論による判旨である。本事案の背景には，バブル経済が破綻し，いわゆる土地神話が崩壊した時期であることを考えると，租税負担の公平の意義は難しい基準といえる。

納税者の主張

①　評価通達 1（2）によれば，評価通達の定めによって評価した価額が「時価」とされており，さらに，同通達 14 は，「路線価は，…売買実例価額，公示価格，精通者意見価格等を基として…」評定するものとしている。すなわち，売買実例価額，公示価格等は，あくまで参考価額であって，相続税に

おいて採用する「時価」ではなく，路線価が相続税法22条にいう相続財産評価のための「時価」である。そして，路線価は，当年1月1日現在の価格を示すものであるから，地価が下落した場合には，当然に路線価の時点修正が行われるべきであり，この場合の時点修正は，次の算式によって行うのが相当である。

当年1月1日の路線価－(当年1月1日の路線価－翌年1月1日の路線価)

×当年1月1日から相続開始までの経過日数／365日

② 課税庁は，路線価の設定に当たっては，評価の安全性の面等を考慮して，時価を上回ることのないよう配慮されているから，地価が下落しても，特段の事情がない限り，路線価により評価するのが相当である旨主張する。

確かに，公示価格の評価水準と比較して路線価が低額に定められているのは，評価の安全性ということで説明し得るかもしれない。しかしながら，ここでいう評価の安全性とは，土地の価格が，その地域的要因，面積，形状，需給のバランスなど様々な要素を加味して決定されるものであり，一義的な評価が極めて困難であることから，相続税の課税価格の算定の基礎となる路線価を低めに定めていることをいうものであって，価格変動に対する安全性をいうものではないのである。すなわち，価格変動の可能性を考慮しての安全性であるならば，土地の価格が下がることを予測して，その下げ幅を一定程度想定して安全性を考慮しなければならない。そして，そのような手続を経て決定された路線価であれば，1年間路線価を適用しても不自然ではない。

③ 実態は，右と異なる。平成4年分及び平成5年分の路線価は公示価格の評価水準の80パーセント程度を基準として定められているが，平成3年分については，公示価格の評価水準の70パーセント程度を基準として定められている。平成3年の地価は，下降線をたどっているわけではない。この時期において，価格変動（下落の可能性）の幅を30パーセント位と想定したならば，平成4年においてはもっと大きな下落の可能性を予測すべきである。しかるに，逆に下落可能性の幅を小さくするということは考えられない。右によれば，路線価の設定に当たって評価の安全性を考慮していると

しても，それは価格下落を含めた価格変動に対する安全性を考慮したものではないことは明らかである。
④　課税庁の主張によれば，地価が下落しても，同一年内に開始した相続については，原則として，同一の路線価が適用されることになるので，相続が開始した時期によって，路線価が公示価格の評価水準よりも低く定められていることによって得られる評価上の利益に差が生じることになる。本来の評価の安全性のために，公示価格の評価水準の80パーセントを目処として路線価が定められているのであれば，1月1日に開始した相続であっても同じ年の12月31日に開始した相続であっても，国民は等しく公示価格の評価水準との20パーセント程度の差益を享受できるようにしなければ，税制の根本である公平の理念に反するといわざるを得ない。

当初の路線価の価格時点以後地価が下落しているという状況があるならば，納税者は，前記①の算式により当該年分の路線価につき相続開始時までの時点修正をして求めた路線価を選択できるとすることが合理的であり，納税者間の公平にかなうというべきである。

課税庁の主張

①　評価通達によれば，宅地の価額は，利用の単位となっている1区画ごとに評価することとされており（評価通達10），原則として，その宅地の面する路線に付された路線価を基とし，所要の補正を行い計算した金額により評価する方式（評価通達13。以下「路線価方式」という。）又は倍率方式により評価することとされている（評価通達11）。右のうち路線価方式の基となる路線価は，宅地の価額がおおむね同一と認められる一連の宅地が面している不特定多数の者の通行の用に供されている道路又は水路ごとに設定され（評価通達14），具体的には評価基準の路線価図として公表されている。
②　路線価の設定に当たっては，売買実例価額，公示価格，精通者意見価格等を基として国税局長がその路線ごとに評定しているところであり（評価通達14），かつ，右価額は，評価の安全性の面等を考慮して，時価を上回るこ

とのないよう配慮されているものである。したがって，地価が下落傾向にあっても，平成４年分の路線価が同年１月２日以降の「時価」を直ちに上回ることにはならないのであって，評価通達の定める路線価に基づく評価方法が租税負担の実質的な公平を著しく害することが明らかであり，この方法によらないことが正当であると是認されるような特別の事情がある場合を除き，路線価に基づき評価するのが相当である。換言すれば，本件各路線価を基に評価した本件宅地の評価額（１画地としての更地の評価額）が，本件相続開始における本件宅地の時価（同前）を上回っているような特別の事情が認められない限り，本件宅地を本件各路線価により評価する方法は，合理的な評価方法として是認することができるのである。

③　課税庁が本件宅地と同一町内の売買事例を収集（東京国税局課税第１部国税訟務官室に保管されている資料から，収集対象地域・中央区銀座１丁目ないし８丁目，収集対象期間・平成４年１月１日から平成５年12月31日の期間内に契約が締結されたものという基準により取引事例を抽出し，そのうち建ぺい率，容積率が本件宅地と異なる物件，取引対象が借地権又は底地である物件，特殊条件下で取引された物件を除外した。），分析した結果，採用した６つの売買事例に比準して求めた本件宅地の価格はいずれも本件各路線価を基に評価した本件宅地の評価額を上回っていたのであり，本件宅地については，右の路線価方式によるべきでない特別の事情はないから，本件各路線価を基に評価した価額に基づき行われた本件各更正処分は適法である。

判断の要旨

①　相続税法22条は，相続，遺贈又は贈与により取得した財産の価額は，特別の定めのある場合を除き，当該財産の取得の時における時価によるべき旨を規定している。そして，右の時価とは，当該財産の取得の時において，その財産の現況に応じ，不特定多数の当事者間で自由な取引が行われる場合に通常成立すると認められる価額，換言すれば，当該財産の取得の時におけ

る客観的な交換価値をいうものと解される。
② 相続税における財産評価については，課税実務上，国税庁長官が財産評価の一般的な基準を評価通達によって定め，さらに，これに基づき国税局長が財産評価の具体的な基準を評価基準として定め，各個の財産の評価は，評価通達及び評価基準によって定められた画一的な評価方法によって行われていること，評価通達においては，市街地的形態を形成する地域にある宅地については，原則として，その宅地の面する路線に付された路線価を基とし，奥行価格補正等の画地調整を施して計算した金額によって評価する路線価方式が採用されていること（評価通達11，13），路線価は，宅地の価額がおおむね同一と認められる一連の宅地が面している路線ごとに設定するものとされ，路線価の価額は，売買実例価額，地価公示法による公示価格，精通者意見価格等を基として，その路線に面する標準的な画地の1平方メートル当たりの価額として国税局長が評定するものとされていること（評価通達14），路線価については，従来から，評価の安全性等を考慮して，公示価格の評価水準と比較して低めに定められていたが，平成4年分以降の路線価は，毎年1月1日を価格時点として，同日を価格時点とする公示価格の評価水準の原則として80パーセントとなるよう価額決定がされていること，評価通達には，当年の路線価と比較して翌年の路線価が上昇又は下落した場合において，路線価の時点修正を行うことができるとする規定はなく，課税実務上，原則として，同一年内に開始した相続については，その時期いかんにかかわらず，同一の路線価を基にして評価することとされていることが認められる。
③ 課税実務上，相続財産の評価について右のような画一的な評価方法がとられているのは，各種の財産の客観的な交換価値を的確に把握することは必ずしも容易なことではなく，これを個別に評価する方法をとると，その評価方式，基礎資料の選択の仕方等により評価額に格差が生じることを避け難く，また，課税庁の事務負担が重くなり，課税事務の迅速な処理が困難となるおそれがあることなどから，あらかじめ定められた評価方式により画一的に評

価する方が，納税者間の公平，納税者の便宜，徴税費用の節減という見地からみて，合理的であるという理由に基づくものと解される。そして，右の理由とされているところは，公平な税負担と効率的な租税行政の実現という観点からみて首肯できるものであり，法も，相続財産の評価について右のような画一的な評価方法をとることを許容しているものと解される。
④　評価通達に路線価の時点修正に関する規定のないことは，前示のとおりであるが，納税者らは，路線価が相続税法22条にいう相続財産評価のための時価であり，その価額は当年1月1日現在のものであるから，地価が下落した場合には，同月2日以降は路線価が時価を上回ることになるから，当然に路線価の時点修正が行われるべきである旨主張する。

しかしながら，相続税法22条にいう時価とは，当該財産の取得の時における客観的な交換価値をいうものであり，これに対し，路線価は，市街地的形態を形成する地域にある宅地について画一的評価を行うための基となる価額であって，その価額は，評価の安全性等を考慮して，一般的に土地の時価に近接した価格水準を示すものと考えられている公示価格（地価公示法によれば，公示価格，すなわち，標準地の「正常な価格」とは，標準地について，自由な取引が行われるとした場合におけるその取引において通常成立すると認められる価格をいうものであり（相法2②参照），右の「正常な価格」とは，相続税法22条にいう時価と同義のものと解される。）の評価水準よりも低額に定められているものである。したがって，路線価そのものが相続税法22条にいう時価の価格水準を示すものでないことは明らかであり，納税者らの主張は，その前提において失当というべきである。
⑤　納税者らは，地価が下落した場合において，路線価の時点修正を行わないと，相続が開始した時期によって，路線価が公示価格の評価水準よりも低く定められていることによって得られる評価上の利益に差が生じ，公平の理念に反する旨主張する。

しかしながら，納税者らがいう右の評価上の利益は，課税当局が評価の安全性等を考慮して路線価を低めに定めていることによって得られる事実上の利益にすぎず，法律上保護された利益とはいえないものであり，また，相続開始時期いかんによってその受ける評価上の利益の程度に差異が生じたとしても，それは，相続財産について，その時価の範囲内で画一的評価を行うことによって生ずるやむを得ない結果というべきであって，そのことによって納税者間の公平が害され，その評価が違法なものとなるわけではないというべきである。

CASE

08 土地に関する評価通達の合理性

［土地／評価額は実勢価格か評価通達によるものか］

（参考）
神戸地方裁判所　平成８年（行ウ）第10号　H10.3.18判決　TKC28051126／TAINS Z231-8114

相続財産に含まれる土地の財産評価について，評価通達により評価を行うことの合理性が判示された事例である。実勢価格と相続税評価額の乖離が論点となる本事案もバブル経済の破綻による土地神話の崩壊が要因である。ただ本事案でもそうであるが，一般の納税者が，相続税評価に依拠せず土地評価を行う場合には不動産鑑定士に頼らざるを得ないのが現実である。本事案でも裁判所は，不動産鑑定士による鑑定評価を否定している。バブル崩壊のころ，複数の不動産鑑定士による鑑定評価を提出する必要があるという話が，真偽はともかく税理士業界でも囁かれた。鑑定費用と軽減税額とを比較考量した話も聞かれた。結局，不動産鑑定士による鑑定評価の客観性，恣意性が争点とされたが，その見解に対する不動産鑑定士側の反論は寡聞にして聞いていない。

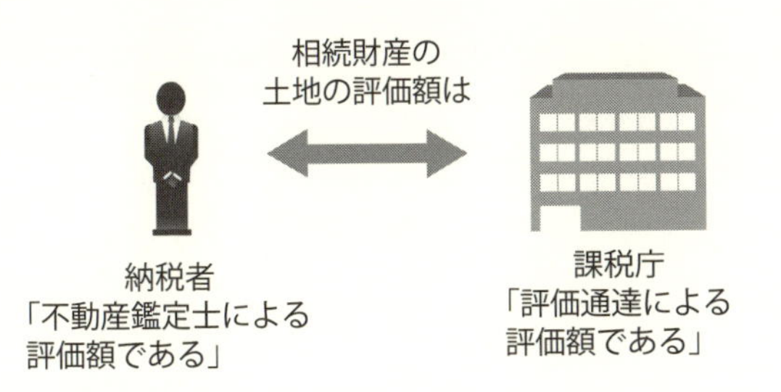

納税者の主張

相続税法22条によれば，相続財産の価額は，当該財産取得時における時価によるものとされているところ，本件相続時には，路線価が実勢価格を大きく上回っているから，路線価に基づき時価を算出することは妥当でない。すなわち，国税庁は，いわゆるバブル景気により不動産価格が高騰し実勢価格と路線価の間に開きが生じたため，路線価の引上げを行い，いわゆるバブルの崩壊により実勢価格が急速に下落した後もこの引上げを継続したため，本件相続時には，実勢価格が路線価を大きく下回るようになった。このような事情の下では，不動産の時価は不動産鑑定士による鑑定評価額によって算出すべきである。

課税庁の主張

① 相続税法22条は，特別の定めのあるものを除き，相続財産の価額は，その取得時における時価による旨規定している。評価通達は，右規定を受けて，時価とは，課税時期において，それぞれの財産の現況に応じ，不特定多数の当事者間で自由な取引が行われる場合に通常成立すると認められる価額をいい，その価額は，この通達の定めによって評価した価額による旨定めている。そして，土地の評価方法として，納税者の便宜及び公平の観点から，簡易かつ的確に土地の評価額を算出できるよう，その基準となる路線価等の土地評価基準を規定し，原則としてこれに基づき評価算定することとしている。

② 相続税の申告に当たっては，絶対に右基準によらなければならないというものではなく，右基準により評価することが著しく不適当と認められる特別の事情があり，他の評価方法によって評価した土地の価額が時価として客観的で妥当性を有する場合には，それによることも可能である。

③ 納税者が更正の請求において本件土地の時価として主張する価額の根拠となる不動産鑑定評価書は，収益事例，取引事例及び公示標準地の選択等において問題があり，到底採用できない。これに対し，原告の当初の申告における本件土地の評価額は，評価通達に従い平成3年分路線価に基づき算出したものであるところ，路線価は，毎年，売買実例価格，前年の路線価，接続地域との均衡，不動産鑑定士の意見等を参酌して定められ，実勢価格の動

向をかなり正確に反映しているうえ，1年間の地価変動に耐え得るよう評価上の安全性を見込んで，平成3年分については地価公示価格水準の70パーセント程度に定められているから，合理的と認められるものである。

したがって，原告の更正の請求に対し，更正すべき理由はないとした本件原処分になんら違法な点はない。

判断の要旨

① 相続税法22条は，相続税の課税価格となる相続財産の価額は，特別の定めのある場合を除き，当該財産取得時における時価によるべき旨を規定している。この時価とは，それぞれの財産の現況に応じ，不特定多数の当事者間で自由な取引が行われる場合に通常成立すると認められる価額をいうものと解するのが相当である。しかし，対象財産の客観的な交換価値は必ずしも一義的に確定されるものではないから，個々の事案ごとに評価方式を異にすると，その方式や基礎資料の選択の仕方によりその評価額に差異が生じたり，課税庁の事務負担が増加し，課税事務の迅速な処理を害するおそれがある。そこで，課税実務上は，財産評価の一般的基準を評価通達に定め，これに定められた評価方法により，相続財産の評価を画一的に行っている。この課税実務上の取扱いは，納税者間の公平，納税者の便宜，徴税費用の節減という見地から合理的なものである。

② 評価通達による画一的な評価の趣旨が右のようなものである以上，この評価方法を形式的，画一的に適用することによって，かえって相続税法や評価通達自体の趣旨に反する結果を招き，実質的な租税負担の公平を著しく害することが明らかであるというような特段の事情があり，かつ，通達によらない評価方法が客観的で合理性を有する場合には，本件通達によらない評価方法によることが許されるものと解すべきである。このことは，通達自体が「この通達の定めによって評価することが著しく不適当と認められる財産の価額は，国税庁長官の指示を受けて評価する。」と規定し，例外的に通達に定める評価方法以外の方法を採り得るものとしていることからも明らかである。

CASE 09 土地に関する評価通達の意義

[土地／相続税法７条の「著しく低い価額の対価」の判定基準]

(参考)
東京地方裁判所　平成 18 年（行ウ）第 562 号　H19.8.23 判決　TKC28132409／TAINS Z257-10763

親族からの購入代金額は相続税法７条の規定する「著しく低い価額の対価」であると指摘され，時価との差額に相当する金額は贈与税の対象とされた土地の持分の評価において，評価通達による画一的評価の是非が争点となった事例である。裁判所は，租税負担の実質的な公平を実現するためには，評価通達の定める画一的な評価方法を容認しているが，一方，相続税法７条にいう「著しく低い価額」の判定基準についても明確に判示しており，評価すべきものが多い事例といえる。

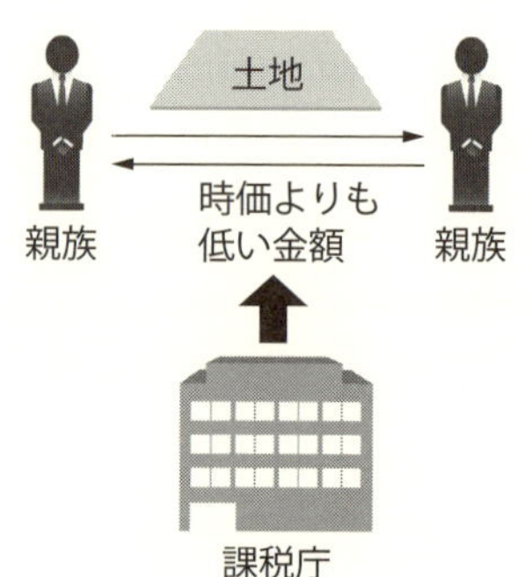

課税庁の主張

①　相続税評価額が地価公示価格と同水準の価格の約 80 パーセントであることからすると，地価が安定して推移している場合や上昇している場合には，

この開差に着目し，実質的には，贈与税の負担を免れつつ贈与を行った場合と同様の経済的利益の移転を行うことが可能になるのであり，このことが，租税負担の公平の見地から相当でないことは明らかである。
②「著しく低い価額」の対価に当たるか否かは，単に時価との比較（比率）のみによって決するものではなく，「実質的に贈与を受けたと認められる金額」の有無によって判断すべきである。あるいは，第三者との間では決して成立し得ないような対価で売買が行われ，当事者の一方が他方の負担の下に多額の経済的利益を享受したか否かによって判断すべきである。

判断の要旨

①　租税負担の実質的な公平を実現するためには，評価通達の定める画一的な評価方法が形式的にすべての納税者に適用されることこそが必要であり，この評価方法によることが不合理かつ違法となるような特別の事情が認められない限り，それ以外の方法による評価をすることはできないというものである。
②　相続税法22条にいう時価について検討してみると，相続税評価額によって課税を行う実務上の取扱いに合理性が認められるが，このような合理性がこの取扱いを正当とするのであって，その正当化のために，納税者らの主張するように同条にいう時価を相続税評価額と同視しなければならないという理由はないと解される。相続税評価額は，画一的な評価方法によって評価された価額であるという点で合理性が認められることから，それが客観的交換価値を超えない限りにおいて，課税実務上，同条にいう時価に相当するものとして通用するにすぎない。すなわち，同条は，相続税評価額を課税実務上時価に相当するものとして使用することを許容していると解されるが，現実には，相続税評価額と時価すなわち客観的交換価値との間に開差が存在することは否定することができないのであり，これをあえて同じものとみなす必要はないしそのようにすべきでもないのである。そうであるからこそ，納税者らも主張するように，特別の事情のある場合には，相続税評価額を離

れ，時価すなわち客観的交換価値をよりよく反映していると考えられる別の評価方法によって評価を行うべきこととなるものである。以上のとおり，同条にいう時価を相続税評価額と同視しなければならないとする必要はないのであるから，そこにいう時価は，やはり，常に客観的交換価値のことを意味すると解すべきである。そして，同法 7 条にいう時価と同法 22 条にいう時価を別異に解する理由はないから，同法 7 条にいう時価も，やはり，常に客観的交換価値のことを意味すると解すべきである。

③　相続税法 7 条は，時価より「著しく低い価額」の対価で財産の譲渡が行われた場合に課税することとしており，その反対解釈として，時価より単に「低い価額」の対価での譲渡の場合には課税しないものである。これは，そもそも，同条が，相続税の補完税としての贈与税の課税原因を贈与という法律行為に限定することによって，本来負担すべき相続税の多くの部分の負担を免れることにもなりかねない不都合を防止することを目的として設けられた規定であることに加え，一般に財産の時価を正確に把握することは必ずしも容易ではなく，しかも，同条の適用対象になる事例の多くを占める個人間の取引においては，常に経済合理性に従った対価の取決めが行われるとは限らないことを考慮し，租税負担の公平の見地からみて見逃すことのできない程度にまで時価との乖離が著しい低額による譲渡の場合に限って課税をすることにしたものであると解される。そうすると，同条にいう「著しく低い価額」の対価とは，その対価に経済合理性のないことが明らかな場合をいうものと解され，その判定は，個々の財産の譲渡ごとに，当該財産の種類，性質，その取引価額の決まり方，その取引の実情等を勘案して，社会通念に従い，時価と当該譲渡の対価との開差が著しいか否かによって行うべきである。

④　本件土地のような市街地にある宅地の場合，相続税評価額は，平成 4 年以降，時価とおおむね一致すると考えられる地価公示価格と同水準の価格の約 80 パーセントとされており，これは，土地の取引に携わる者にとっては周知の事実であると認められる。このように相続税評価額が時価より低い価額とされていることからすると，相続税評価額と同水準の価額を対価とし

て土地の譲渡をすることは，その面だけからみれば経済合理性にかなったものとはいい難い。しかし，一方で，80 パーセントという割合は，社会通念上，基準となる数値と比べて一般に著しく低い割合とはみられていないといえるし，課税当局が相続税評価額（路線価）を地価公示価格と同水準の価格の80 パーセントを目途として定めることとした理由として，1 年の間の地価の変動の可能性が挙げられていることは，一般に，地価が 1 年の間に 20 パーセント近く下落することもあり得るものと考えられていることを示すものである。そうすると，相続税評価額は，土地を取引するに当たり一つの指標となり得る金額であるというべきであり，これと同水準の価額を基準として土地の譲渡の対価を取り決めることに理由がないものということはできず，少なくとも，そのようにして定められた対価をもって経済合理性のないことが明らかな対価ということはできないというべきである。

⑤　相続税評価額と同水準の価額かそれ以上の価額を対価として土地の譲渡が行われた場合は，原則として「著しく低い価額」の対価による譲渡ということはできず，例外として，何らかの事情により当該土地の相続税評価額が時価の 80 パーセントよりも低くなっており，それが明らかであると認められる場合に限って，「著しく低い価額」の対価による譲渡になり得ると解すべきである。もっとも，その例外の場合でも，さらに，当該対価と時価との開差が著しいか否かを個別に検討する必要があることはいうまでもない。

課税庁は，相続税評価額が地価公示価格と同水準の価格の約 80 パーセントであることからすると，地価が安定して推移している場合や上昇している場合には，この開差に着目し，実質的には，贈与税の負担を免れつつ贈与を行った場合と同様の経済的利益の移転を行うことが可能になるのであり，このことが，租税負担の公平の見地から相当でないことは明らかであるなどと主張する。しかし，仮に時価の 80 パーセントの対価で土地を譲渡するとすれば，これによって移転できる経済的利益は当該土地の時価の 20 パーセントにとどまるのであり（換価することまで考えれば，実際の経済的利益はそれよりさらに低くなるであろう。），課税庁の主張するように「贈与税の負担を免れつつ贈与を行った場合と同様の経済的利益の移転を行うことが可能になる」とまでいえるのかはなはだ疑問である。そもそも被告の上記主張は，相続税法７条自身が，「著しく低い価額」に至らない程度の「低い価額」の対価での譲渡は許容していることを考慮しないものであり，妥当でない。

⑤　相続税法７条は，当事者に実質的に贈与の意思があったか否かを問わずに適用されるものであることは既に述べたとおりであり，実質的に贈与を受けたか否かという基準が妥当なものとは解されない。また，この基準によるとすれば，時価よりも低い価額の対価で譲渡が行われた場合，客観的にみて譲受人は譲渡人から一定の経済的利益を無償で譲り受けたと評価することができるのであるから，そのすべての場合において実質的に贈与を受けたということにもなりかねず，単なる「低い価額」を除外し「著しく低い価額」のみを対象としている同条の趣旨に反することになるというべきである。次に，第三者との間では決して成立し得ないような対価で売買が行われたか否かという基準も趣旨が明確でない。仮に，「第三者」という表現によって，親族間やこれに準じた親しい関係にある者相互間の譲渡とそれ以外の間柄にある者相互間の譲渡とを区別し，親族間やこれに準じた親しい関係にある者相互間の譲渡においては，たとえ「著しく低い価額」の対価でなくても課税する趣旨であるとすれば，同条の文理に反するというほかない。また，時価の80パーセント程度の水準の対価であれば，上記の意味での「第三者」との間で売買が決して成立し得ないような対価であるとまでは断言できないというべきである。

CASE

10 評価通達と租税平等主義

[私道／鑑定評価額と評価通達による評価額の乖離]

(参考)
神戸地方裁判所　平成17年(行ウ)第53号　H20.3.13判決　TKC25470620／TAINS Z258-10919

不動産鑑定士が行った評価に基づく相続財産としての土地の評価において，評価通達によらないことが相当と認められるような特段の事情があるとは認められないとされた事例である。納税者の主張の骨子は，相続財産を構成する土地の価額が路線価方式により算出された価額と著しく異なる場合には，鑑定価額をもって相続税法22条の時価とすべきというものである。

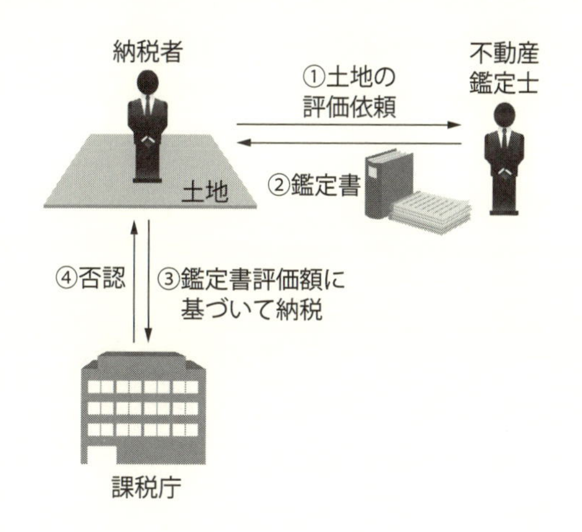

納税者の主張

①　納税者らは，一般的に評価通達によるべきことに異論はないが，不動産鑑定士による鑑定の評価額と路線価方式による評価額が著しく乖離していることをもって路線価を本件各土地に適用することが著しく不合理であるとの

特段の事情を主張するものであり，その不合理性はＣ鑑定により明確に立証されている。

②　相続税法22条が，相続財産を時価で評価するという時価主義を採用している以上，路線価はあくまで国民間に公平に課税処分をなし，国民に課税価額を予測させる一手段にすぎないものであり，時価そのものを絶対的に定めるものではない。相続財産を構成する土地の価額が路線価方式により算出された価額と著しく異なる場合，納税者としては，憲法84条の趣旨を受けた相続税法22条に基づいて当該土地を相当な時価で評価して相続税課税基準とすることを求める権利を有するのであり，本件のような場合も，鑑定価額をもって相続税法22条の時価とすることは憲法84条の当然の帰結である。

③　本件では，本件各土地について裁判所の鑑定として不動産鑑定士による鑑定がなされ客観的な交換価値が明示されているところ，行政行為の一部である路線価による一般的な評価が行政，立法から独立した司法権（憲法76①等）による鑑定という個別具体的評価に優越することはないから，概算手法である路線価方式による評価額は当然に排除されるべきであり，このように客観的な評価を超えて本件各土地を高額に評価すること自体，国民の財産権（憲法29①）を行政権が侵害するものとして許されないものである。

課税庁の主張

①　相続税法22条の「時価」とは，客観的な交換価値，すなわち，不特定多数の当事者間で自由な取引が行われる場合に通常成立すると認められる価額をいうところ，課税の公平及び課税事務の迅速処理の観点から，本件各土地のような不動産等については，課税実務上は，評価通達及び各国税局長が評価通達に基づき定めた財産評価基準に基づき画一的に行うこととされており，土地の評価についても，原則として同様に，路線価等の土地評価基準に基づき評価することとされている。

②　路線価は，評価通達において，宅地の価額がおおむね同一であると認められる一連の宅地が面している不特定多数の者の通行の用に供されている路

線ごとに設定され，その価額は，路線に接する宅地で一定の事項に該当するものについて，売買実例価額，公示価格，精通者意見価格等を基にして，国税局長がその路線ごとに評定した１平方メートル当たりの価額とすると定められているところ，路線価方式とは，１画地ごとの宅地の価額を，その画地の沿接する路線に設定されている路線価に評価通達で定める画地調整を施し，その画地の地積を乗じて求めた金額によって評価するものであり，これは土地の正常な取引価格を反映するものである。また，評価通達の合理性，妥当性は，多くの裁判例において支持され，現在では行政先例法になっているというべきであるから，納税者間の実質的公平の見地からは，それが土地の客観的な交換価値を反映していない等，路線価方式によることが不合理であると認められる特段の事情を原告らが立証しない限り，路線価方式によって評価すべきである。

③　納税者らは，本件修正申告における修正申告書添付の本件各土地に係る「土地及び土地の上に存する権利の評価明細書」の「自用地の評価額」欄に記載された金額と平成19年7月24日付けの不動産鑑定士による鑑定の鑑定評価書に記載された本件各土地の正常価格（更地価格）とを比較し，いずれか高い方の金額を基礎として評価通達を適用して評価した価額をもって，本件各土地の時価としていると解される。しかし，本件の争点は，本件各土地の評価における評価通達による評価が不合理と認められる特段の事情の有無であるところ，本件修正申告における申告額又はＣ鑑定の合理性が肯定されたとしても，そのことをもって評価通達による評価が不合理と認められる特段の事情を主張立証したことにはならない。

判断の要旨

①　相続税法22条は，特別の定める場合を除くほか，相続財産の価額は，当該財産の取得の時における時価によるべき旨規定するところ，同条にいう時価とは，相続開始時における当該財産の客観的な交換価値をいうと解するのが相当である。しかし，客観的な交換価値は必ずしも一義的でないことか

ら，課税実務上は，相続財産評価の一般的な基準が評価通達により定められ，それに定める画一的な評価方法によって相続財産を評価することとされている。その趣旨は，上記客観的交換価値を個別具体的に評価する方法をとると，その評価方式や基礎資料の選択いかんにより異なった評価額が生じることが避けがたく，また，課税庁の事務負担が過重となり迅速な処理が困難となるおそれがあること等からして，あらかじめ定められた評価方式によりこれを画一的に評価する方が，納税者間の公平，課税事務処理の円滑化という見地からみて合理的であるという理由に基づくものと解される。

② 特に租税平等主義という観点からして，評価通達に定められた評価方式が合理的なものである限り，これが形式的にすべての納税者に適用されることによって租税負担の実質的な公平を実現することができると解されるから，特定の相続財産についてのみ評価通達に定める方式以外の方法によってその評価を行うことは，たとえその方法による評価額がそれ自体としては相続税法22条の定める時価として許容できる範囲内のものであったとしても，納税者間の実質的負担の公平を欠くことになり，許されないものというべきである。

③ 他方，評価通達に定められた方式によるべきであるとする趣旨が上記のようなものであることからすれば，評価通達の画一的な適用という形式的平等を貫くことによってかえって実質的な租税負担の公平を著しく害することが明らかな場合は，別の評価方式によることが許されるものと解すべきであり，このことは，評価通達が「通達の定めによって評価することが著しく不適当と認められる財産の価額は，国税庁長官の指示を受けて評価する。」と定められていることからも明らかなものというべきである。すなわち，相続財産の評価に当たっては，特別の定めのある場合を除き，評価通達に定める方式によるのが原則であるが，評価通達によらないことが相当と認められるような特段の事情がある場合には，他の合理的な時価の評価方式によることが許されると解するのが相当である。

④ 納税者らは，本件各土地を評価通達によって評価することを前提とした

上で，当該土地の本件敷地部分は，納税者らのみではなく，借家人，郵便配達人，近隣住民の犬の散歩等にまで利用されていることから，評価通達 24 に定める私道に当たる旨主張する。しかし，証拠によれば，当該土地は一筆の土地であり，乙土地上の建物も一棟の建物であることが認められ，土地全体が一棟の貸家の敷地として利用されているといえ，納税者ら主張のように，上記貸家の借家人らが本件敷地部分を通行していたとしても，それは，本件敷地部分を上記一棟の貸家の敷地として利用しているにすぎないものであり，土地のうち本件敷地部分を他と区別して評価する必要性，合理性は認められないから，本件敷地部分は評価通達 24 に定める私道に該当しないというべきである。

CASE 11 不整形地に関する評価通達の趣旨

[不整形地／評価において減額補正をどう行うか]

(参考)
仙台地方裁判所　平成15年（行ウ）第17号　H17.3.24判決　TKC25420133／TAINS Z255-09971
仙台高等裁判所　平成17年（行コ）第15号　H19.1.26判決　TKC25463017／TAINS Z257-10617

相続財産に含まれる土地について，不整形地の評価の趣旨及び目的が示された事例である。評価通達では，不整形地の価額は，その不整形の程度，位置及び地積の大小に応じ，その近傍の宅地との均衡を考慮して，その価額からその価額の100分の30の範囲内で相当と認められる金額を控除した価額によって評価することになっている。

さらに，平成4年3月に公表された資産評価企画官情報「不整形地補正率について」(以下「参考情報」という。) によれば，不整形地の価額の算定方法は，次のとおりである。

(i) 評価する不整形地の地区及び地積の別を参考情報別表1（付表7-1）の地積区分表に当てはめ，いずれの地区区分及び地積区分に該当するかを判定する。

(ii) 想定整形地（上記不整形地の画地全域を囲む，正面路線に面する矩形又は正方形の土地）の地積を算出し，次のとおり，蔭地割合を算出する。
蔭地割合＝(想定整形地の地積－評価対象となる不整形地の地積)÷想定整形地の地積

(iii) この蔭地割合を参考情報別表2（付表7-2）の不整形地補正率表に当てはめ，不整形地補正率を求める。

(iv) 評価通達付表4の間口狭小補正率表に定める間口狭小補正率の適用がある評価対象地については，不整形地補正率に間口狭小補正率を乗じて得た数値を評価対象地の不整形地補正率とする。ただし，この場合の不整形地補正率の下限は70パーセントとする。

路線価方式による土地評価は，経験がものをいう場合が少なくない。いうまでもなく土地の形状は，四角形など評価しやすい整形地ばかりではなく，この不整形地の評価については，例えば，不整形地の評価上勘案すべき不整形の程度などは理屈ではないことも否定できない。

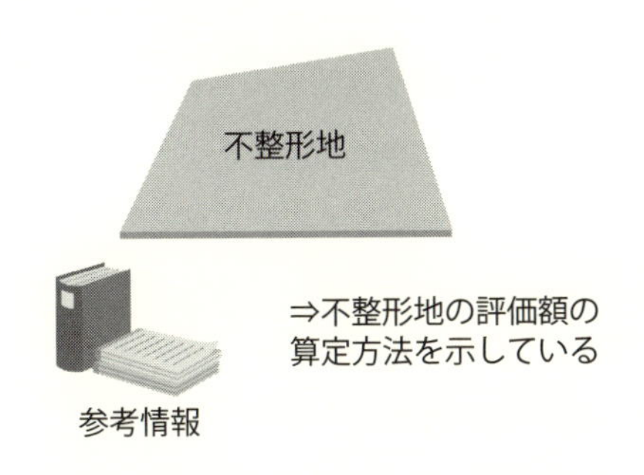

納税者の主張

①　課税庁は，納税者らの計算した不整形地割合を参考情報にいう「蔭地割合」と呼び，これに参考情報の地積区分表及び不整形地補正率表を適用して不整形地補正率を求める。しかし，評価通達20（1）はあくまで不整形の程度等の諸事情に応じて路線価の100分の30の範囲内において相当と認める金額を控除すると定めており，その趣旨は，不整形地の場合には，その画地の全部が宅地としての機能を十分に発揮できず，整形地に比し利用価値が低くなると考えられることから，標準的な整形地としての価額である路線価を不整形地の程度に応じて減額補正（ただし減額補正の上限は30パーセント）した上でその価額を評価するという点にあるから，ダイレクトに「想定整形地面積から実際の面積を控除して得られた面積を，想定整形地面積でもって除して求められる割合」を，30パーセントの範囲内で控除するのが正当な計算方法であり，通達にない参考情報を当てはめること自体，法律又は通達で定められた正当な計算方法とはいえない。

② 参考情報は，路線価が実際の取引価格と乖離していて低く，土地の価格がバブル時のように上昇基調であるといった状況下においては相当といえたかもしれないが，本件相続があった平成９年当時には，路線価と実際の取引価格とは接近ないし逆転しており，土地の取引価格は下落傾向にあったため，参考情報を適用する基盤は失われていた。そのため，参考情報を形式的に適用すると課税庁の評価のような不相当な結論を招いてしまう。

③ 蔭地割合に地積区分表及び不整形地補正率表を当てはめるという参考情報の枠組みは平成11年に評価通達に盛り込まれたが，その際，不整形地補正率は大幅に修正され，平成11年の不整形地補正率表は，参考情報の補正率よりも低い数値であった。したがって，参考情報の補正率は，通達化される平成11年に近いほど本来時価計算する際に妥当する補正率から乖離していたのであり，参考情報の形式的当てはめに合理性がなかったことは明らかである。

課税庁の主張

① 不整形地の評価について定める評価通達20（1）の趣旨は，評価対象となる不整形地の形状が多種多様であり，一律にその経済的価値の減少割合を見積もることは困難であることから，具体的な基準を定めないで，個々の不整形地についてその価値が減少していると認められる範囲で減額補正する余地を認めたものである。

② 参考情報は，評価通達では具体的な基準が定められていなかったので，不整形の判定をする者によって控除する金額が異なることもあり得たことも考慮し，過去の類似事例で適用された補正率等それまで経験則に従って決定していた不整形地補正率について，その経験則を集約し，また，専門的な不整形地の評価上勘案すべき不整形の程度，位置及び地積の大小の各要素を織り込み，不整形地補正率を画一的，統一的に算定するための指針として公表されたものであり，その内容は合理的である。

③ 納税者らは，想定整形地面積から実際の面積を控除して得られた面積を

想定整形地面積でもって除して求められる割合（蔭地割合）を30パーセントの範囲内で控除すべきと主張する。しかし，不整形地補正は，土地の形状，不整形の程度，位置，地積の大小，近傍の宅地との均衡等を総合考慮して行うべきであり，蔭地割合を「ダイレクトに」控除する方法は，その根拠が不明で，あまりに短絡的であって，到底合理的なものとはいえない。

④　参考情報が示された平成４年の地価公示（同年１月１日時点）は，特に三大都市圏の地価の下落傾向が顕著になってきたことがうかがわれ，この年から行われた国土庁（当時）による短期地価動向調査においても同様の傾向となっているから，平成４年は土地の価額がバブル時のように上昇基調であるといった状況にはなかった。また，平成４年当時の路線価については，公示価格水準がそれまで70パーセントであったものから80パーセントに引き上げられているため，全国の宅地部分の標準地の平均路線価が5.8パーセント上昇したものの，当該水準の引上げを加味した実質変動率はマイナス7.4パーセントと，公示価格と同様の傾向を示しており，その乖離の程度は参考情報自体を不合理とするまでのものではなかった。したがって，参考情報を適用する基盤は失われていたとの納税者ら主張には根拠がない。

納税者らは，参考情報による不整形地補正を否定しつつ，無道路地の評価に当たっては，平成４年11月に示された無道路地の評価に関する資産評価官情報に基づいて評価しているから，この点においても，参考情報の適用を否定する原告らの主張は失当というべきである。

判断の要旨

①　評価通達20（1）は，不整形地の価額について，その不整形の程度，位置及び地積の大小に応じ，その近傍の宅地との均衡を考慮して，その価額からその価額の100分の30の範囲内で相当と認められる金額を控除した価額によって評価するとしているが，これは，評価の対象となる不整形地の形状が多種多様で一律にその経済的価値の減少割合を見積もることが困難であることからこのように定められたもので，評価通達20（1）が100分の30

の範囲内であれば，納税者の自由な選択による減額を認めたものと解することはできない。

② 評価通達においては，不整形地補正率の算定について具体的な基準が定められておらず，課税実務上は，経験に依存し不整形の判定をする者によって控除する金額が異なることもあり得たことから，参考情報が，恣意性の排除，公平の確保，評価方法の簡素化を目的として作成されたこと，並びに，実務上，平成４年３月の参考情報の公表後の不整形地の評価は，評価通達20（1）及び参考情報により行われてきたことが認められる。

③ 納税者らの主張する不整形地補正率は，参考情報にいうところの蔭地割合（想定整形地の地積から評価対象地の地積を控除し，想定整形地の地積で除したもの）を，参考情報の地積区分表及び不整形地補正率表に当てはめることなくほとんどそのまま補正率としているものである。参考情報は，それまで経験則に従って決定していた不整形地補正率について，その経験則を集約し，また，専門的な不整形地の評価上勘案すべき不整形の程度，位置及び地積の大小の各要素を織り込み，不整形地補正率を画一的，統一的に算定するための指針として恣意性を排除し，納税者間の課税の公平，評価方法の簡素化を図るために公表されたものであり，その内容は合理的であることが認められる。これと対比し，原告らの主張する不整形地補正率は，参考情報の勘案する要素などを考慮に入れておらず，原告らの主張する計算方法が参考情報より合理的であるとは認められないし，納税者ら主張の補正をすることによって，不整形地の時価を算出することができることを示す的確な証拠もない。

④ 参考情報が示された平成４年（同年１月１日時点）には，特に三大都市圏の地価の下落傾向が顕著になってきて，この年から行われた国土庁（当時）による短期地価動向調査においても同様の傾向となっていたから，参考情報が示された平成４年は土地の価額が上昇基調にはなかったこと，平成４年当時の路線価については地価公示価格を水準として，それまで地価公示価格の70パーセントであったものが80パーセントに引き上げられているため，

全国の宅地部分の標準地の平均路線価が5.8パーセント上昇したものの，当該水準の引上げを加味した実質変動率はマイナス7.4パーセントと，地価公示価格と同様の傾向を示していることが認められる。したがって，参考情報が発遣された当時は土地の価額が上昇基調にあり，路線価が取引価額より低かったが，平成9年は，路線価と取引価額が接近ないし逆転していたから参考情報を適用する基盤は失われていたとの納税者ら主張には根拠がない。

CASE 12

不整形地評価につき減価補正を行う趣旨

［不整形地／適切な評価の単位］

（参考）
東京地方裁判所　平成5年（行ウ）第56号　H8.1.26判決　TKC28030213／TAINS Z215-7649

相続財産に含まれる土地を対象とする評価における不整形地評価について，減価補正をする趣旨が明示された事例である。土地の形状は，宅地造成した後に分譲した地域ならともかく，四角形などのいわば整形地より，不整形地の方が多いのかもしれない。また地積の広い土地の場合は，分筆区分で土地の購入や利用がなされることはまれであり，やはり利用単位で判断した1画地で評価することが当然といえる。

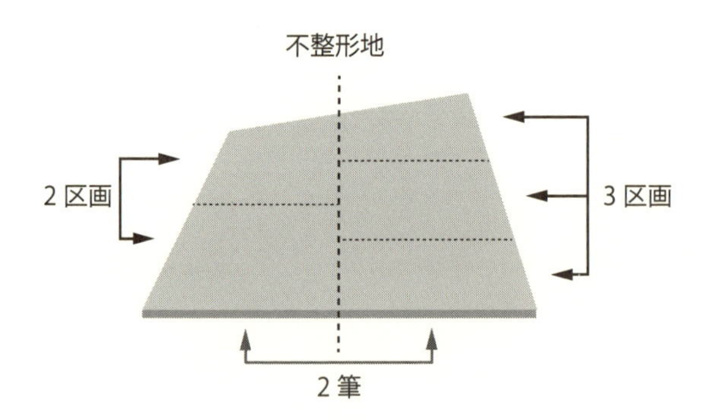

納税者の主張

① 本件土地は，本件相続開始時において，8区画に分けて利用され，そのうち7区画はそれぞれ他人に賃貸され，残りの1区画は納税者が無償使用していた。本件土地は3筆の土地であるから，筆ごとに土地の価額を評価すべきである。

②　本件土地は，地積が大きく，かつ，不整形な画地であるため宅地として利用するうえで不便な部分を内蔵する土地であるから，その点を減価要因として考慮して価額の評価がされるべきである。そして，その減価割合は，評価通達20の定める最高限度である30パーセントが相当であるが，それが認められないとして，少なくともA貸付地について25パーセント，B貸付地について11パーセント，C貸付地について12パーセント，D貸付地について7パーセント，納税者の無償使用部分について13パーセントとするのが相当である。

各貸付地は，建物所有を目的とするもので借地法の適用される賃貸借であり，何年も前から継続していることからも一時使用ということはできないのであって，自用地の価額から，右借地権価額としてその4割を減額すべきである。

課税庁の主張

宅地の価額は，その利用の単位となっている1区画の宅地ごとに評価するのが合理的であるところ（評価通達20もその旨定めている。），本件土地は，本件相続の開始時において，8区画に区分されて利用されているから，その評価は，利用の単位となっている1区画の土地ごとに行うのが相当である。

評価通達が定める不整形による補正は，主としてその形状が整形地に比べて悪い宅地について，その形状が悪いことにより，整形地に比べて有効に利用できない部分が生ずることを配慮して行われるものであるから，その宅地が整形地でないとしても，既に同通達が定める間口狭小補正や奥行長大補正などによりその宅地の形状について適正に補正がされている場合には，それらの補正に加えて不整形地補正を行うことは適当ではない。また，不整形による補正は，個々の不整形地についてその価値が減少していると認められる範囲内で補正することになるから，たとえ不整形地であっても，その面積がおおむね適正規模か若しくはそれ以上の広さがあり，かつ，不整形の程度が小さい場合など宅地としての利用に特に支障がないときは，不整形地補正を行う必要はないというべきである。

判断の要旨

評価通達20は，不整形地について，その不整形の程度，位置及び地積の大小に応じ，路線価に補正を施したうえで，その価額を評価することとしているが，これは，土地の形状が悪いことによって，整形地に比べ宅地としてその効用を十分に発揮できない等のため，整形地の価額に比してその価額が低くなることから，その程度に応じて減価補正をする余地を認めたものであり，あくまでそれぞれの個別事情に応じその不整形のためにその価値が減少していると認められる範囲で補正することとしたものであって，単に整形地でないということから必ず補正をしなければならないという性質のものではないというべきである。

CASE 13

広大地評価の趣旨と範囲

［広大地／評価通達 24-4，17 年情報及び 16 年情報の関係］

（参考）
東京地方裁判所（第 1 審） 平成 21 年（行ウ）第 486 号 H24.6.20 判決 TKC25482141

評価対象資産である，土地Aは，昭和58年12月20日に所定の認可を受けて施行されたP都市計画事業Q土地区画整理事業によりP市内の丘陵地に開発行為がなされたQ地区内のP市R町の街区にある1画地の宅地であり，その南西側はP市道G線に面しており，その北東側はP市道H3号線に面している。土地Aの実測地積は，1,227.52平方メートルであり，本件相続の開始時において，既に造成工事が完了していたものの，いまだ利用されていないいわゆる更地であった。

Q地区内の土地においては，土地Aを含め，G線との境界から北東及び南西に各25メートルまでの範囲は，都市計画法8条1項1号に規定する第2種住居地域とされており，その余は，同号に規定する第1種中高層住居専用地域とされていて，いずれにおいても，容積率は200パーセント，建ぺい率は60パーセントとされている。土地Aは，路線価地域にあり，地区の区分は普通住宅地区であり，周囲の路線価は，G線に1平方メートル当たり18万円が，H3号線に1平方メートル当たり17万円が設定されている。

裁判所は，広大地に当たらないものとしてされた更正処分の適法性を検討するに当たっては，第一義的には評価通達の定めとの関係が考慮されるべきものとした。

広大地とは，開発行為を行う場合に，道路，公園，教育・医療施設などの公共公益的施設用地が必要となる宅地を前提としており，すでに開発等が終了し，有効利用されている建物敷地などは，著しく広大な用地であっても本通達における広大地には該当しないことになる。

また，裁判所は，17 年情報は，16 年情報において整理された 16 年改正に係る評価通達 24-4 に定める広大地に該当するかどうかを判定する場合の考え方について，更なる考え方の統一性を図るため，16 年情報の一部につき留意事項を取りまとめたものであると判示して，評価通達と各情報の関係を明らかにした。

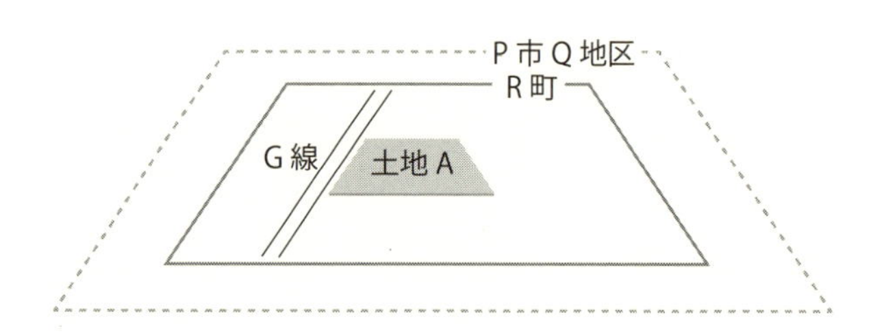

納税者の主張

① 評価通達 24-4 は広大地の評価方法を定めるところ，国税庁は，平成 16 年 6 月 29 日，16 年情報を発し，評価通達の 16 年改正について解説した。16 年情報は，16 年改正後の評価通達 24-4 について，「普通住宅地区等に所在する土地で，各自治体が定める開発許可面積基準以上のもの」であれば，「広大地に該当しない条件の例示」に該当しない限り，他の事情を検討するまでもなく，広大地に該当することを明らかにし，広大地の判断基準を具体的に明らかにした。その後，国税庁は，平成 17 年 6 月 17 日付けで，17 年情報を発し，「広大地の判定に当たり留意すべき事項」を示し，16 年情報を一部変更して，広大地の判断基準を具体的に明らかにした。17 年情報の発された後は，国税庁のホームページにおいて，16 年情報が削除され，17 年情報に差し替えられた。以上のとおり，広大地の評価方法について国税庁が示した判断基準は，評価通達 24-4，16 年情報及び 16 年情報を一部変更した 17 年情報であり，かつ，これらのみであるから，広大地に該当するかど

うかは，その時期に応じて，これらの判断基準に従って判断されなければならない。

　本件被相続人は平成16年7月23日に死亡し，その相続税の法定申告期限は平成17年5月23日であるから，本件相続税申告については，評価通達24-4及び16年情報が判断基準となり，上記法定申告期限後に発された17年情報は判断基準とはならない。

②　課税庁は，土地Aが広大地に該当するかどうかについては，まず，評価通達24-4の定めに従って判定することが基本であり，次に，評価通達の具体的事例への当てはめに際して，16年情報及び17年情報を参考として活用するのが広大地評価の解釈の本旨であると主張するが，広大地に該当するかどうかの考え方は，16年情報により「整理」され，さらに，「更なる考え方の統一性を図るために」，17年情報が発されたのであって，評価通達24-4はいわば定義であり，広大地に該当するか否かの具体的な判定基準は16年情報及び17年情報に委ねられているから，納税者との間に無用なトラブルが生ずることを避けるために16年情報及び17年情報が発された後は，広大地に該当するかどうかの判定は，16年情報及び17年情報が明示した判断基準によってなされなければならないのであって，課税庁の上記主張は，16年情報及び17年情報の趣旨に反し，納税者の信頼を裏切るものであり，明らかに失当である。

課税庁の主張

①　土地Aが広大地に該当するかどうかについては，まずは，評価通達24-4の定めに従って判定することが基本であり，次に，評価通達の具体的事例への当てはめに際して，16年情報及び17年情報を参考として活用するのが広大地評価の解釈の本旨である。納税者らは，16年情報及び17年情報をあたかも評価通達の定めであるかのごとく取り扱い，専ら16年情報及び17年情報に基づき，土地Aの広大地該当性を判定しているが，そもそも16年情報及び17年情報は，飽くまで評価通達24-4に定められている

広大地該当性を判定する場合の考え方を整理して，統一性を図るためのものである。

② 納税者らは，17年情報は，広大地評価の判断基準について，16年情報の一部を変更したものであり，本件相続の法定申告期限後に発された17年情報は本件相続における広大地評価の判断基準とはならない旨を主張するが，17年情報は，広大地に該当するかどうかの判定をする場合の考え方について，更なる考え方の統一性を図るために，広大地評価の対象となる土地の範囲や中高層の集合住宅等の敷地用地に適した土地（以下「マンション適地」）の判定などについての留意事項を取りまとめたものであり，17年情報は16年情報の解釈を変更したものではなく，16年改正後の評価通達24-4に定める広大地の判定をする場合の考え方を，より詳細に解説したにすぎない。

判断の要旨

(1) 評価通達24-4の趣旨

評価通達においては，広大地とは，その地域における標準的な宅地の地積に比して著しく地積が広大な宅地で，都市計画法4条12項に規定する開発行為を行うとした場合に公共公益的施設用地の負担が必要と認められるもの（評価通達22-2に定める大規模工場用地に該当するもの及び中高層の集合住宅等の敷地用地に適しているもの〔その宅地について，経済的に最も合理的であると認められる開発行為が中高層の集合住宅等を建築することを目的とするものであると認められるものをいう。〕を除く。）をいう旨を定めている。

上記の定めは，評価通達の16年改正により改められた後のものであり，同改正前の広大地の価額の評価に係る定めにおいては，広大地とは，その地域における標準的な宅地の地積に比して著しく地積が広大な宅地で上記の開発行為を行うとした場合に公共公益的施設用地の負担が必要と認められるものであって，評価通達22-2に定める大規模工場用地に該当するもの以外のものとされていたところ，上記の例外に当たる場合として，マンション適地に該当するものが追加されたものである。

もとより，一般論として，相続税につき申告納税方式が採用されていることを前提に，国税庁又はその担当部署が評価通達及びその運用に係る各種の情報を公表している趣旨については，十分に配意されるべきものではあるが，本件各土地につきいずれも広大地に当たらないものとしてされた本件各更正処分の適法性を検討するに当たっては，第一義的には評価通達 24-4 の定めとの関係が考慮されるべきものといえる。

(2)　評価通達の 24-4 の運用

評価通達 24-4 に係る 16 年改正に関しては，そのあらましについて述べる 16 年情報が公表され，さらに，16 年改正に係る評価通達 24-4 を適用する場合の広大地に該当するかどうかの判定について執務の参考に供するものとして，17 年情報が公表されたものである。16 年情報及び 17 年情報が公表されたこのような経緯にかんがみれば，納税者らが主張するように，評価通達 24-4 はいわば定義であり広大地に該当するか否かの具体的な判定基準は 16 年情報及び 17 年情報に委ねられているとの関係にあるとは解し難い。また，16 年情報と 17 年情報との関係については，17 年情報は，16 年情報において整理された 16 年改正に係る評価通達 24-4 に定める広大地に該当するかどうかを判定する場合の考え方について，更なる考え方の統一性を図るため，16 年情報の一部につき留意事項を取りまとめたものであって，納税者らの主張するように，相互に矛盾する内容を含むことを前提に，17 年情報が 16 年情報の一部を変更したものであるとは解し難い。

(3)　評価通達 24-4 にいう「その地域」の意義

評価通達 24-4 の趣旨は，評価の対象となる 1 画地の宅地の地積が，当該宅地の価額の形成に関して直接影響を与えるような特性をもつ当該宅地の属する地域における標準的な宅地の地積に比して著しく広大で，評価の時点において，当該宅地を，当該地域における経済的に最も合理的な宅地の利用を反映すると一般に見られる当該標準的な宅地の規模を踏まえて類似の利用に供しようとする際に，都市計画法に規定する許可を受けたうえで開発行為を行わなければならない場合にあっては，当該開発行為により所要の土地の区画形質の変更を行ったときに，道路，公園等の公共公益的施設用地として相当のいわゆる潰れ地が生ずるのを免れないことがあり，評価通達 15 から評価通達 20–5 までによる減額の補正では十分とはいえないことがあることから，このような宅地の価額の評価に当たっては，潰れ地が生じることを，当該宅地の価額に影響を及ぼすべき客観的な個別事情として，価額が減少していると認められる範囲に対応させたものに相当する特殊な補正をすることとしたものと解される。このような評価通達 24–4 の趣旨に鑑みれば，評価通達 24–4 にいう評価の対象となる 1 画地の宅地の属する「その地域」とは，〔1〕河川や山などの自然的状況，〔2〕行政区域，〔3〕都市計画法による土地利用の規制などの公法上の規制等，〔4〕道路，〔5〕鉄道及び公園など，土地の利用の状況の連続性及び地域としての一体性を分断することがあると一般に考えられる客観的な状況を総合勘案し，各土地の利用の状況，環境等がおおむね同一と認められる，ある特定の用途に供されることを中心としたひとまとまりとみるのが相当な地域を指すものと解する。

(4)　土地 A が広大地に該当するかの判断に当たっての基礎となる「その地域」の範囲

土地 A は，土地区画整理事業が施行された Q 地区内にあり，P 市の幹線道路である G 線に面しているところ，〔1〕これまでに認定したところ及び弁論の全趣旨によれば，Q 地区内の G 線に面する各土地については，自然的状況及び行政区域については同一であると認められ，〔2〕公法上の規制については，Q 地区内のうち G 線の両側各 25 メートルまでの範囲のみが第 2 種住居地域とされ，その余は第 1 種中高層住居専用地域とされており，〔3〕道路の状況については，G 線と別紙 9–2 の B 地点で交差する P 市道 K 中央線及び同 L 線は，いずれも P 市内における補助幹線道路と位置付けられており，G 線の上記の B 地点より南側の部分に面する課税庁主張地域内の各土地の周縁にある道路も，直線となっている G 線の上記の部分に面する各街区を格子状に画するものとして整備されているのであって，〔4〕上記の各土地の連たんする部分について，鉄道や公園等の存在は認められない。そして，土地区画整理事業においても，Q地区のうちG線沿いの各街区を「中・高層住宅ゾーン」とし，同地区の「教育・スポーツゾーン」及び「中・低層住宅ゾーン」とはそれぞれの範囲内にある土地につきその主に供する用途を区別して，このことを前提に，上記「中・高層住宅ゾーン」においては主に1,000平方メートル以上の規模での換地をすることが計画され，証拠によれば，換地処分がされた後の本件相続の開始当時において，課税庁主張地域にある土地Aを含むG線に面する各土地については，おおむね上記の計画に沿った土地の利用がされている状況にあったことが認められ，これらの土地については，路線価も同一であったものである。

これらの事情を前提に，課税庁主張地域をもって土地Aに係る評価通達24-4の「その地域」に当たるとする課税庁の主張については，これを首肯するに足りるものというべきである。納税者らは，土地区画整理事業の対象であるQ地区を基本とするものと主張するが，土地区画整理事業においては，Q地区を「中・高層住宅ゾーン」，「教育・スポーツゾーン」及び「中・低層住宅ゾーン」に区分し，それぞれその範囲内にある土地につきその主に供する用途を異にするものとして計画され，上記計画に基づいて公共施設の整備や中高層住宅建設の推進等が行われたというのであることのほか，納税者ら主張地域は土地区画整理事業の施行区域外とされているU町及びR町の一部を含んでいる点に照らしても，納税者ら主張地域をもって，土地Aに係る評価通達24-4の「その地域」に当たるということは困難というべきである。

CASE

14 広大地評価の要件

［広大地／広大地要件を満たすかどうかの判定］

（参考）
東京地方裁判所　平成 23 年（行ウ）第 108 号　H24.2.10 判決　TKC25492219
東京高等裁判所　事件番号不明　H24.9.6 判決　TKC25503553

東京都 T 市の土地 1401.19 平方メートルのうち，納税者の自宅敷地として使用されている 750.13 平方メートルの宅地（以下「A 土地」）及び貸付地として使用されている 651.06 平方メートルの宅地（以下「B 土地」）を併せた「本件各土地」について，評価通達に定める「広大地」の要件に適用するかの判断が示された事例である。

広大地評価は，「公共公益的施設用地の負担」が生ずるかが原則とされるが，その場合であっても当該土地について，経済的に最も合理的な利用を行う場合に，道路等の公共公益的施設用地の負担を要する開発行為が必要であるか否かにより判断するという課税当局の主張が明らかにされている。

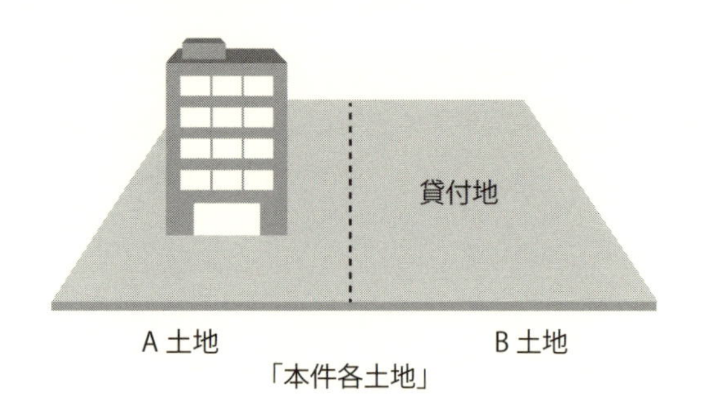

納税者の主張

① 評価通達の規定する「広大地」に当たると解すべきか否かは，その文言によれば，「都市計画法 4 条 12 項に規定する開発行為を行うとした場合」

に「公共公益的施設用地の負担が必要と認められる」か否かで定まるものであるにもかかわらず，この前段の要件について，「経済的に最も合理性のある戸建住宅分譲用地とするための開発を行うとした場合」という要件として捉えるというのは，許されざるすり替えである。

② 課税庁の主張する「経済的に最も合理性のある戸建住宅分譲用地」なのかどうかの判定は，当然厳格にされるべきものであるものの，その判定は極めて困難であり，本件各土地について，どこまでそのような具体的な判定がされたのか疑問である。

③ たしかに路地状開発に適した土地には「公共公益的施設用地の負担」すなわち「潰れ地」が生じないことになるとしても，そもそも路地状開発によってもその時価は都計法開発に適した土地と同様に大きく下がるのであって，路地状開発に適した土地については本件通達の「広大地」としての減額をしないというのは不合理である。

④ 課税庁が主張する路地状開発は「経済的に最も合理性のある戸建住宅分譲用地」に該当するとは到底いえない。被告が主張する路地状開発において，路地状敷地は，その路地部分約30平方メートルを除いてもその地域の理想面積である115平方メートルはあり，路地部分に相当する建ぺい率等を使った建物が建築されることはないから，本件各土地に関する限り，路地状開発の建ぺい率等についてのメリットはない。また，本件各土地において，幅員4メートルの前面道路から幅員2メートルの路地状部分には標準的な大きさの車を出し入れすることはできない。

課税庁の主張

① 本件各土地の周辺地域は，多くは戸建住宅用地として利用され，また，戸建住宅用地としての開発が進行していることから，本件各土地の経済的に最も合理的な利用は，本件各土地の周辺地域の標準的な宅地の地積に準じ，戸建住宅分譲用地として開発することであり，〔1〕建築基準法上の建ぺい率及び容積率の算定に当たり，開発道路を新設する開発を行うより広い建築

面積及び延べ床面積の建物等を建築することができること，〔2〕路地状部分を駐車場として利用することができること，〔3〕購買者の求めに応じ，道路に面する区画と道路から離れた区画を提供することもできることなどから，戸建住宅分譲用地として開発する場合の開発方法は路地状開発によるのが相当であり，道路等の「公共公益的施設用地の負担」は必要がない。また，都計法開発を行う場合には，原則として都市計画法29条1項の許可を受ける必要があるところ，その手続は煩雑で時間を要するばかりでなく，開発業者にとって各地方自治体が定めた開発指導要綱による負担や制約が少なくない上，公共公益的施設の負担が必要となる場合には，潰れ地の発生に伴い開発業者の利益は減少することになる。

② 路地状開発を含む分合筆による開発の場合には，煩雑な開発許可の手続の必要がないなど，開発業者の負担や制約は軽減され，開発に要する期間も短縮され，公共公益的施設用地の負担も必要ないため，一定の居住面積を確保した住宅を購入可能な価格設定で供給でき，戸建持ち家を欲する需要者の購入が期待でき，短時間での資金回収も可能となるから，このような開発によるのが経済的に最も合理的な選択である。また，本件各土地の周辺地域の開発事例に基づく開発状況からみても本件各土地については，路地状開発が経済的に最も合理的な利用であることは明らかである。したがって，本件各土地に本件通達の適用はない。

判断の要旨

① 評価通達24-4の趣旨は，その地域における標準的な宅地の地積に比して著しく地積が広大な宅地で，「都市計画法4条12項に規定する開発行為を行うとした場合」に「公共公益的施設用地の負担が必要と認められるもの」は，そのような道路や公園等のいわゆる「潰れ地」が生じることになるため，当該土地の評価の際に，一定割合を減額することにしたものである。

② 土地は，通常，その土地に係る法規制の下において，経済的に最も合理的であると認められる利用（以下「最有効利用」）を想定して価格が形成さ

れて取引されていると考えられるから，相続税法22条にいう土地の「時価」も，その最有効利用を前提として評価すべきであると考えられるところ，上記の通達の趣旨に照らせば，土地の地積が広大であって，その最有効利用のために，都市計画法に規定する開発行為を行うことが必要であり，その開発行為により公共公益的施設用地の負担が生じる場合は，「広大地」としての評価を適用して減額する合理性があるが，地積が広大であっても，最有効利用のために都市計画法に規定する開発行為を行う必要がない場合には，同法による公共公益的施設用地の負担が生じることがなく，「広大地」としての評価を適用して減額する合理性がない。

③　「広大地」の要件である「開発行為を行うとした場合に公共公益的施設用地の負担が必要と認められるもの」とは，その土地の最有効利用のために都市計画法に規定する開発行為を行うことが必要であり，その開発行為を行うとした場合に公共公益的施設用地の負担が必要と認められる場合を意味するものと解するのが相当である。

④　都市計画法4条12項は，「開発行為」の定義について，主として建築物の建築又は特定工作物の建設の用に供する目的で行う土地の区画形質の変更である旨規定しているところ，この場合の土地の区画形質の変更とは，土地について，「区画の変更」又は「形質の変更」を行うものをいい，単なる分合筆のみを目的としたいわゆる権利区画の変更は，「区画の変更」に当たらないと解される。

⑤　証拠及び弁論の全趣旨によれば，A土地の地積は750.13平方メートル，B土地の地積は651.06平方メートルで，その地域における標準的な宅地の地積に比して著しく地積が広大な宅地であると認められるところ，本件各土地は，第1種低層住居専用地域にあり，本件各土地の周辺地域は，戸建住宅用地として利用されていることが認められるから，本件各土地の最有効利用は戸建住宅分譲用地として開発することであると認められる。

⑥　本件各土地の西側に接する建築基準法42条1項1号道路からの奥行距離はいずれも約20メートルで，その形状や接道状況等からすれば，戸建住

宅分譲用地として別図４及び同５のような路地状開発が可能であると認められるところ，この路地状開発による場合には，道路等を新設する必要もなく，単なる分合筆のみを目的とした，いわゆる権利区画の変更のみで開発することが可能であるから，都市計画法の「区画の変更」には該当しない。
⑦　本件各土地は，既に宅地として利用されていることから，その路地状開発に当たり，切土又は盛土等の造成工事が必要であるとも認められず，従来の敷地の境界の変更について，既存の建物の除却や，塀，垣，柵等の除却又は設置が行われるにとどまり，公共施設の整備が必要であるとはいえないから，都市計画法上の「形質の変更」ともいえない。そうすると，本件各土地の上記路地状開発は，都市計画法４条12項に規定する「開発行為」には該当せず，また，「公共公益的施設用地の負担」も不要であると認められる。
⑧　本件各土地は，第１種低層住居専用地域である上，建築基準法上の建ぺい率が40パーセント，容積率が80パーセントと厳しく制限されていることからすると，路地状開発を行った場合は，建築基準法上の建ぺい率及び容積率の算定に当たり，路地状部分の面積も敷地面積に含まれることになり，納税者主張の都計法開発により道路を新設する場合に比べ，より広い建築面積及び述べ床面積の建物等を建築することができ，また，路地状部分も駐車場として利用できることになる。この点，納税者は，本件各土地に関する限り，路地状部分に相当する建ぺい率等は利用されないから，建ぺい率等についてのメリットは存在しないなどと主張しているが，独自の見解であって採用することができない。
⑨　本件各土地において，幅員４メートルの前面道路から幅員２メートルの路地状部分には標準的な大きさの車を出し入れすることはできないとも主張しているが，仮にそうであれば，例えば隅切りを設けること等により対処可能と考えられる。他方で，都市計画法に基づく開発行為においては，原則として同法29条１項により許可を受けるための手続が必要であり，各地方自治体が定めた開発指導要項による負担や制約があるうえ，道路という潰れ地の発生に伴い，開発業者の利益は減少することになる。このようなことか

らすれば，本件各土地については，都計法開発よりも路地状開発の方が経済的により合理的な利用であると認められ，都計法開発が最有効利用であるとは認められない。以上のことからすれば，本件各土地について，都市計画法4条12項に規定する開発行為がその最有効利用のために必要であるとは認められないから，本件各土地は「広大地」には当たらないというべきである。

CASE 15 マンションに関する評価通達の趣旨

[マンション／「3年縛り」適用直前に相続されたマンションの評価]

（参考）
東京地方裁判所　平成2年（行ウ）第177号　H4.3.11判決　TKC27811282／TAINS Z188-6866
東京高等裁判所　平成4年（行コ）第33号　H5.1.26判決　TKC22007346／TAINS Z194-7061
最高裁判所第一小法廷　平成5年（行ツ）第78号　H5.10.28判決　TKC22007879／TAINS Z199-7217

相続財産に含まれるマンションの財産評価について，評価通達に定める方式による趣旨に言及した事例である。いわゆるバブル経済における節税対策として購入した不動産が対象となっているが，裁判所は納税者間の租税負担公平の原則に基づく判旨を示している。

バブル経済時に節税対策として
マンションを購入
⇓
直後に昭和63年のいわゆる
「3年縛り」の特例適用が開始

納税者の主張

① 評価通達は，相続税の課税対象となる財産の評価に関する原則及び具体的評価方法を規定したものであり，あらかじめ納税者に対しても広く公示されているものであるから，これを無視し，みだりに評価通達を離れて相続財産の評価や相続税の課税を行うことは許されないものというべきである。

② 本件マンションの購入（昭和62年12月）は，被相続人が相続税の節税効果を生じさせることを一つの動機とはしながらも，それとともに当時の地価急騰の状況下で転売利益を図る目的をももって行った経済取引行為であり，世上広く行われているものであって，特段の反法規性を有するものではなく，ことさら相続税の負担を免れることを企図してなされたものでもない。

したがって，本件マンションを評価通達によらずに評価することが許されるような特段の事情は存しないものといわざるを得ない。
③　昭和63年12月の租税特別措置法の改正により，評価通達による不動産の評価額と実勢価額の差を利用して相続税の節税を図るために不動産を購入するという事態に対処するため，昭和63年12月31日以降に開始した相続から，相続開始前3年以内に取得した相続不動産の価額を取得価額によって評価するという特例が新設されている。本件の場合について評価通達によらずに取得価額によって相続不動産の価額を評価することとするのは，右の法改正によって新設された特例の適用がないものとされている事案に対してもこれを適用するのと同じ効果を生じさせるものであり，この点からしても，課税庁のした評価は不当なものといわなければならない。

課税庁の主張

①　相続税法22条によれば，相続税の課税価格となる相続により取得した財産の価額は，当該財産の取得の時における時価によるものとされているが，この時価とは，相続開始時における財産の現況に応じ，不特定多数の当事者間で自由な取引が行われる場合に通常成立すると認められる価額，すなわち客観的な交換価値をいうものと解される。しかし，財産の客観的交換価値は必ずしも一義的に確定されるものではないことから，国税庁は，納税者間の公平，納税者の便宜，徴税費用の軽減等を図るため，相続財産評価の一般的基準として評価通達を定め，あらかじめ定められた画一的な評価方式によって相続財産の価額を評価することとしている。しかし，課税手続における形式的平等を貫くことにより，かえって納税者間の実質負担の公平を害することとなる場合には，形式的平等を犠牲にしても実質的負担の平等の実現を図るべきであり，具体的な相続財産の価額の評価について，「評価通達によらないことが正当として是認されるような特別な事情がある場合」には，評価通達によらず，他の合理的な方式によってこれを評価することが右相続税法22条の法意に照らして当然に許されるものというべきである。

② 本件マンションの購入契約の締結，その購入資金の調達等の経過に照らすと，被相続人による本件マンションの購入は，一般に評価通達の定めによる不動産の評価額が実際の取引価額に比してごく控えめな額となっていることから，評価通達により評価した本件マンションの評価価額と購入のための借入金との差額を利用して相続税の負担の軽減を図ることを目的として行われたものであり，このような場合には，相続財産の価額の評価について，評価通達の定めによらず，その客観的交換価値に相当する右購入価額によることが正当として是認されるような特別の事情があるものというべきである。

判断の要旨

① 相続税法22条は，相続財産の価額は，特別に定める場合を除き，当該財産の取得の時における時価によるべき旨を規定しており，右の時価とは相続開始時における当該財産の客観的な交換価格をいうものと解するのが相当である。

しかし，客観的な交換価格というものが必ずしも一義的に確定されるものではないことから，課税実務上は，相続財産評価の一般的基準が評価通達によって定められ，そこに定められた画一的な評価方式によって相続財産を評価することとされている。これは，相続財産の客観的な交換価格を個別に評価する方法をとると，その評価方式，基礎資料の選択の仕方等により異なった評価価額が生じることを避け難く，また，課税庁の事務負担が重くなり，課税事務の迅速な処理が困難となるおそれがあること等からして，あらかじめ定められた評価方式によりこれを画一的に評価する方が，納税者間の公平，納税者の便宜，徴税費用の節減という見地からみて合理的であるという理由に基づくものと解される。

② 特に租税平等主義という観点からして，右通達に定められた評価方式が合理的なものである限り，これが形式的にすべての納税者に適用されることによって租税負担の実質的な公平をも実現することができるものと解されるから，特定の納税者あるいは特定の相続財産についてのみ右通達に定める方

式以外の方法によってその評価を行うことは，たとえその方法による評価額がそれ自体としては相続税法22条の定める時価として許容できる範囲内のものであったとしても，納税者間の実質的負担の公平を欠くことになり，許されないものというべきである。

③　他方，右通達に定められた評価方式によるべきであるとする趣旨が右のようなものであることからすれば，右の評価方式を画一的に適用するという形式的な平等を貫くことによって，かえって実質的な租税負担の公平を著しく害することが明らかな場合には，別の評価方式によることが許されるものと解すべきであり，このことは，右通達において「通達の定めによって評価することが著しく不適当と認められる財産の価額は，国税庁長官の指示を受けて評価する。」と定められていることからも明らかなものというべきである。

すなわち，相続財産の評価に当たっては，特別の定めのある場合を除き，評価通達に定める方式によるのが原則であるが，評価通達によらないことが相当と認められるような特別の事情のある場合には，他の合理的な時価の評価方式によることが許されるものと解するのが相当である。

CASE 16 貸家・貸家建付地に関する評価通達の趣旨

〔マンション／居住状況による貸家建付地の評価減割合の按分〕

（参考）
横浜地方裁判所　平成４年（行ウ）第18号　H7.7.19判決　TKC28011326／TAINS Z213-7552
東京高等裁判所　平成７年（行コ）第104号　H8.4.18判決　TKC28011328／TAINS Z216-7714
最高裁判所第一小法廷　平成８年（行ツ）第202号　H10.2.26判決　TKC28050952／TAINS Z230-8097

相続財産に含まれる賃貸用マンションとされる敷地及び建物について，評価通達における貸家及び貸家建付地の評価の趣旨を明示した事例である。

相続税対策として，賃貸用の建物の節税効果を謳う広告や勧誘は多い。確かに不動産評価の行える貸家・貸家建付地は評価額が軽減されることから節税効果は否定できない。しかしながら，本事案のように賃貸用の建物であっても居住状況に応じて評価減を按分計算するという見解が，この相続税の節税スキームに及ぼす影響は大きい。本事案は，単身者向け賃貸物件と想像できるが，このような賃貸マンションに対する居住希望者の動向は流動的であるから，一概に節税スキームといえないかもしれない。

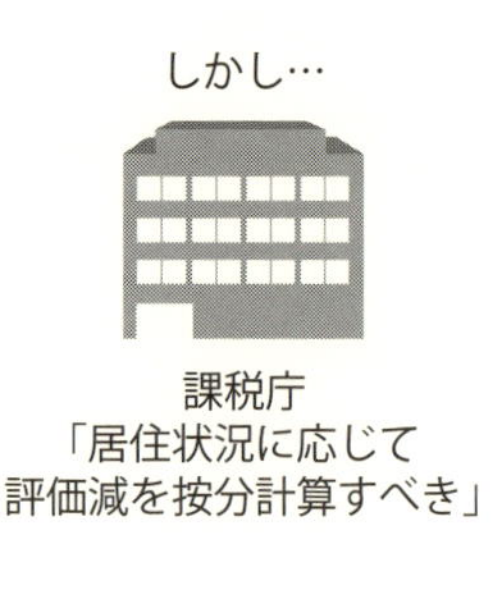

納税者の主張

本件土地建物については，その全体を貸家建付地及び貸家として評価すべきである。すなわち，〔1〕被相続人は，もともと本件建物全体を貸家目的として建築計画を立案していた，〔2〕本件建物は，その建築費用を住宅金融公庫から借り入れているから，設計から賃貸料までのすべてを管理されており，賃貸目的以外の用に供することはできない，〔3〕被相続人は，本件建物の賃借人の募集について，不動産業者に委託する旨の委託契約を締結しており，しかも賃借人の募集は既に開始されていた，〔4〕右委託契約は，納税者において一方的に解約することはできず，賃借希望者に対して，原則として賃貸する義務を負っている，〔5〕本件相続人らは，順次賃貸借契約を締結し，昭和63年3月には，一室を残してすべて賃貸の用に供している，〔6〕仮に本件建物全体を売買目的のものに変更しようとしても，これをするには，多額の費用と労力を要するので，容易にはなし得ない，〔7〕評価通達によれば，建物の評価は，原則として一棟の建物ごとにすべきことになっている，〔8〕評価通達によれば，評価は，財産の価額に影響を及ぼすすべての事情を考慮すべきこととされており，単に相続開始時における状態のみを考慮すべきではなく，建築計画から資金手当及び完成後の利用状況等を考慮すべきである，などの諸事情を勘案すれば，本件建物全体を貸家として評価したうえ，本件土地全部を貸家建付地として評価すべきである。

課税庁の主張

本件土地建物の評価は，相続開始時における本件建物の自用家屋としての評価額から，本件建物に存在すると認められる借家権の価額を控除して算出したものであり，その詳細は次のとおりである。なお，相続開始時において賃貸されていたのは，本件建物の21室のうち4室であり，17室についてはいまだ賃貸には供されていなかったから，本件建物全体が借家権の目的となっているとして評価すべきではなく，21室のうち4室のみが借家権の目的となっているものとして評価すべきである。

判断の趣旨

① 相続税法22条によれば，相続税における相続財産の価額評価は，相続

開始時における時価によりなすべきであるが，課税実務においては，納税者の公平及び課税事務の迅速かつ統一的処理等の要請から，課税庁において評価通達を定め，これにより画一的に評価することとされている。
② 評価通達 26，93，94 は，貸家建付地及び貸家の価額について，貸家の目的に供されている宅地の価額は，自用地としての価額から，自用地としての価額にその宅地に係る借地権割合と貸家に係る借家権割合との相乗積を乗じて計算した価額を控除した価額により評価し，借家権の目的となっている家屋については，建物価額から借家権の価額を控除した金額により評価し，借家権価額は，その借家権の目的となっている建物の借家権が設定されていないものとした場合における価額に，借家権割合を乗じて計算した金額によって評価すると定めている。これは，建物が借家権の目的となっている場合には，賃貸人は一定の正当事由がない限り，建物賃貸借契約の更新拒絶や解約申し出ができないため，立退料等の支払をしなければ，右借家権を消滅させられず，また借家権が付いたままで貸家及びその敷地を譲渡する場合にも，譲受人は，建物及びその敷地利用が制約されることなどから，貸家建付地及び貸家の経済的価値がそうでない土地及び建物に比較して低下することを考慮したものと解され，合理的なものと認められる。
③ 相続開始時点において，いまだ賃貸されていない部屋がある場合の建物全体の評価については，前述のように，建物の自用家屋としての評価額から，賃貸されている部屋に存在すると認められる借家権の価額を控除して算出するのが相当である（評価通達 93，94）。すなわち，相続税法 22 条所定の相続開始時の時価とは，相続等により取得したとみなされた財産の取得日において，それぞれの財産の現況に応じて，不特定多数の当事者間において自由な取引がされた場合に通常成立すると認められる価額をいうものと解するのが相当であるから（評価通達 1（2）参照），相続開始時点において，いまだ賃貸されていない部屋が存在する場合は，当該部屋の客観的交換価値はそれが借家権の目的となっていないものとして評価すべきである。
④ 被相続人は，本件建物全体を貸家目的とする建築計画を立案し，本件建

物については，建築費用を借り受けた住宅金融公庫によりすべて管理され，賃貸目的以外の用に供し得ないばかりか，被相続人は，不動産業者との間で賃借人募集の委託契約を締結し，右募集は既に開始されているところ，納税者においてこれを一方的に解約することはできず，また，本件建物は，昭和63年3月には，一室を残してすべて賃借されており，かつ，本件建物全体を売買目的のものに変更するには，多額の費用と労力を要し，容易になし得ないなどの諸事情を挙げて，本件建物全体を貸家として評価すべきである，と主張する。しかし，たとえ右のような事情があっても，相続開始時点において，本件建物のうち4室以外は借家権の目的となっていない以上，残りの17室の相続開始時点における客観的交換価値は借家権のないものと認めざるを得ないのであり，これが住宅金融公庫又は不動産業者等との契約の内容及び相続開始時点の後に生じた事情等により左右されるとはいえない。

⑤　貸家の目的に供されている宅地の価額は，自用地としての価額から，右価額にその宅地に係る借地権割合と貸家に係る借家権割合との相乗積を乗じて計算した価額を控除した価額により評価するのが相当である（評価通達26）。そこで，相続開始時における本件土地の自用地としての評価額から，現に賃貸されていた4室に応ずる敷地の自用地としての評価額を控除した額に，右4室に応ずる敷地の貸家建付地としての評価額を加算して算出することになる。

CASE 17

貸家建付地に関する評価通達の趣旨

［貸家建付地／建付地減価と借家権割合を乗じた価格の控除］

（参考）
大阪地方裁判所　平成16年（行ウ）第9号　H18.11.17判決　TKC25451382／TAINS Z256-10575
大阪高等裁判所　平成18年（行コ）第132号　H20.3.12判決　TKC25470617／TAINS Z258-10916

低廉譲渡と指摘された土地の評価額に関して，評価通達にいう貸家建付地評価の趣旨について明示された事例である。本事案では，納税者及び課税庁の双方が不動産鑑定士による鑑定評価を提出しているが，鑑定評価の客観性，恣意性について考えさせられる内容である。

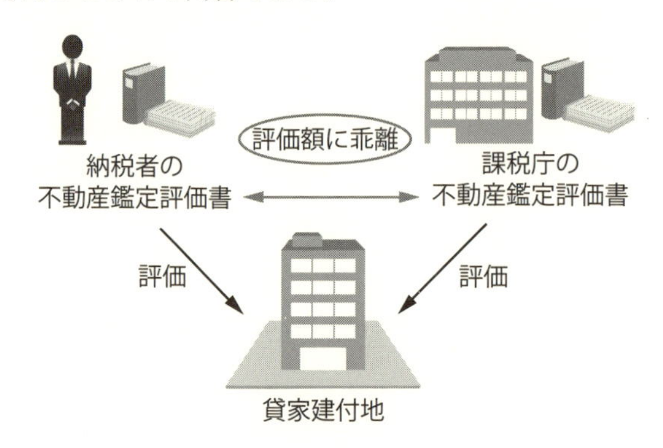

納税者の主張

課税庁鑑定においては，割合方式による底地価格と底地の収益価格の両者を求め，これを足して2で割るという方法が採用されているが，その根拠が不明である。また，割合方式による底地価格の評価については，本件の土地は，店舗の敷地として使用されているにもかかわらず，建付減価補正を全く行わず，更地価格から更地価格に借地権割合を乗じた価格を控除する方法で底地価格を算出しているにすぎない。本来，建物が建っていること自体による減価要因である建付減価補正と借地権割合を控除して更地価格を評価する方法は，それぞれ独立した評価方法であり，適正な減額補正がされていない課税庁鑑定の底地評価は，必然的に高額になる。さらに，底地の収益価格の評価についても，実際支払賃料から算出された収益価格があるにもかかわらず，適正と称する架空の賃料から別途収益価格を独自に算出したうえ，前者を排斥して後者を採用している。

課税庁の主張

建付地減価（補正）は，自用の建物とその敷地が最有効使用されていない場合，合理的な根拠に基づき減価率を査定し，減価を行うものであるところ，本件のような借地権の存在する土地については，当該減価要因は，当該借地が最有効使用されていない場合の借地権の評価に当たって行うべきものである。しかるに，原告鑑定１は，底地の鑑定を行うものであるから，底地の鑑定評価額を導き出すために建付地減価（補正）を行う必要はなく，原告鑑定１は，対象地を殊更過少に評価するために建付地減価（補正）を行ったものといわざるを得ない。

判断の要旨

①　納税者は，課税庁の鑑定は，対象土地の評価につき，更地価格に対して建付地減価率を乗じて建付地価格を算出し，そこから控除方式（建付地価格から建付地価格に借家権割合を乗じた価格を控除する方式）等による具体的貸家建付地価格を算出すべきところ，そもそも建付地減価率自体が小さい上，土地に対する借家権割合等を全く考慮していないなどと主張する。

②　建付地減価（補正）は，自用の建物とその敷地が最有効使用されていないと判定される場合において，当該敷地の最有効使用との格差，更地化の難易の程度等敷地と建物等との関連性を考慮してされる評価方法であるところ，土地（対象地）は本件各売買契約当時において最有効使用されているものと認められるから，その評価に当たり上記意味での建付地減価を考慮する必要

はないというべきである。
③　不動産鑑定評価基準によれば，貸家及びその敷地の鑑定評価額は，実際実質賃料（売主が既に受領した一時金のうち売買等に当たって買主に継承されない部分がある場合には，当該部分の運用益及び償却額を含まないものとする。）に基づく純収益を還元して得た収益価格を標準とし，積算価格及び比準価格を比較考量して決定するものとするとされている。
④　評価通達26によれば，貸家（評価通達94に定める借家権の目的となっている家屋をいう。）の敷地の用に供されている宅地（貸家建付地）の価額は，その宅地の自用地としての価額から，その自用地としての価額に評価通達27（借地権の評価）の定めによるその宅地に係る借地権割合（同項のただし書に定める地域すなわち借地権の設定に際しその設定の対価として通常権利金その他の一時金を支払うなど借地権の取引慣行があると認められる地域以外の地域にある宅地については100分の20とする。）と評価通達94（借家権の評価）に定める借家権割合（国税局長の定める割合。大阪国税局管内の一部の地域（市制地及び路線価地域）については40パーセント，その他の地域は30パーセント）と賃貸割合（その貸家に係る各独立部分（構造上区分された数個の部分の各部分をいう。）がある場合にその各独立部分の賃貸の状況に基づいて，当該家屋の各独立部分の床面積の合計のうち課税時期において賃貸されている各独立部分の床面積の合計を当該家屋の各独立部分の床面積の合計で除して計算した割合）の相乗積を乗じて計算した価額を控除した価額によって評価するものとされている。
⑤　評価通達26の趣旨については，土地上の建物が借家権の目的となっている場合，賃貸人は，自己使用の必要性などの正当の事由がある場合を除き，賃貸借契約の更新を拒絶したり，解約の申入れをしたりすることができない（借地借家法28）から，借家権を消滅させるために立退料の支払を要することになること，借家人は，賃貸借の登記がなくても，建物の引渡しがあったときは，その後その建物について物権を取得した者に対し借家権の効力を対抗することができる（借地借家法31①）から，建物に借家権を付着させた

ままで当該建物及びその敷地を譲渡する場合には，その譲受人は，当該建物に加え，その敷地の利用についても制約を受けることなどから，その敷地の経済的価値が借家権の目的となっていない建物の敷地に比べて低くなることなどによるものと解される。

⑥　対象土地は，売買契約当時，賃貸共同住宅として使用されていた建物の敷地の用に供されていたものであるから，上記評価通達の定め等にかんがみると，対象土地（建物を除いた敷地部分）の客観的交換価値の評価に当たっては，当該敷地の経済的価値が借家権の目的となっていない建物の敷地に比べて低くなることなどを斟酌して一定程度の減価（貸家建付地減価）を行うのが合理的というべきところ，課税庁鑑定は，貸家建付地の減価率を 20 パーセントと査定して当該減価を行っているのであり，上記評価通達に定める評価方法に照らしてみても評価は相当というべきである。この点，納税者は，更地価格から建付地減価を行ったうえ更に建付地価格に借家権割合を乗じた価格を控除すべきであるとするが，対象土地が賃貸共同住宅である建物の敷地の用に供されていることによる当該敷地の経済的価値の低下を重複して殊更低く評価するものというべきであって，適正な評価方法であるとはいい難い。

CASE

18 貸家･貸家建付地に関する評価通達の趣旨

[貸家・貸家建付地／賃貸人がいない場合も評価減できるか]

（参考）
東京地方裁判所　平成5年（行ウ）第213号　H6.7.22判決　TKC22007611／TAINS Z205-7370
東京高等裁判所　平成6年（行コ）第139号　H6.12.22判決　TKC22008271／TAINS Z206-7436

相続財産に含まれる信託目的である土地に関して，貸家及び貸家建付地の評価の趣旨に言及した事例である。貸家及び貸家建付地に対して評価減されるのは，賃貸人の存在により所有者の利用等が制限されるからであるという観点が根底にある。仮に賃貸仕様の物件でも賃貸人がいない場合には所有者は当該物件を自由に利用できるわけであるから，本事案における裁判所の判断は妥当といえよう。

【貸家建付地】

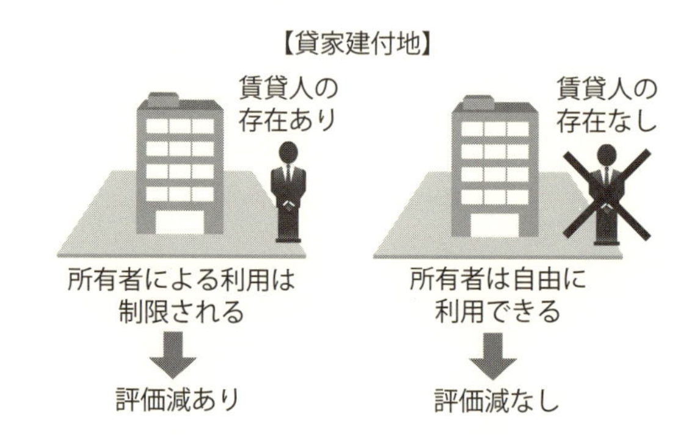

納税者の主張

本件建物一，二階部分は，M信託銀行が，本件信託契約に基づき，賃貸事業を目的として管理運用し，H社との間で本件賃貸借契約の契約内容に関する覚書を作成するなどしていたのであるから，本件相続の開始時において，たとえ賃借人が占有していないとしても，実質的には貸家に該当するというべきであり，本件敷地部分も貸家建付地に該当するというべきである。

課税庁の主張

貸家及び貸家建付地とは，相続開始時において，借家権の目的となっている家屋及びその敷地をいい，評価通達は，これに該当するものに限り所要の減額を行うこととしているものである。しかるに，M信託銀行とH社が本件賃貸借契約を締結し，H社がM信託銀行に対して右契約に基づき敷金を支払ったのは，本件相続の開始後である。

判断の要旨

①　評価通達93及び26が，貸家及び貸家建付地の評価額について所要の減額を認めた趣旨は，土地上の建物が借家権の目的となっている場合，賃貸人は，自己使用の必要性などの正当事由がある場合を除き，賃貸借契約の更新を拒んだり解約の申入れをすることができない（借家法1の2）から，借家権を消滅させるためには立退料の支払を要することになること，借家人は，建物の引渡しを受けた後には第三者に対する対抗要件を有する（借家法1①）から，建物に借家権を付着させたままで建物及びその敷地を譲渡する場合には，その譲受人は，建物及びその敷地の利用について制約を受けることになることなどから，右の建物及び敷地の経済的価値が，借家権の目的となっていない建物や土地に比べて低くなることを考慮したことにあると解される。このような評価通達の趣旨に照らすと，建物及び土地について，貸家及び貸家建付地として評価額を減額するには，右のように経済的価値が低くなるような事情がある場合に限られるというべきである。
②　右評価通達にいう貸家及び貸家建付地とは，現に借家権の目的となっている家屋及びその敷地の用に供されている土地をいうと解するのが相当である。そして，相続税法22条が，相続により取得した財産の価額をその取得の時における時価によるものとしていることからすると，貸家及び貸家建付地に当たるか否かは，相続開始時を基準として判断されるべきである。

CASE

19

相続税法22条「時価」の意義と評価通達①

［借地権／土地の利用制限に関する特約は「特別の事情」に当たるか］

（参考）
福岡地方裁判所　昭和63年（行ウ）第38号　H3.10.15判決　TKC22005112／TAINS Z186-6785

相続財産に含まれる借地権について，被相続人が他から借り受けていた土地の上に存する権利を相続した納税者が相続税の申告（期限内申告及び修正申告）をしたところ，権利の評価額について，見解が対立した事例である。

裁判所は，不動産鑑定士作成の不動産鑑定評価書及び同鑑定士の証言を一蹴しているが，不動産鑑定の意義と効果について疑義が残る事案である。

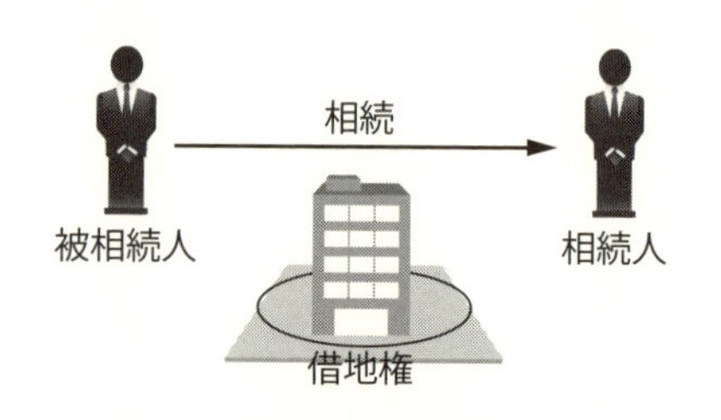

納税者の主張

① 一般に通達は，行政庁内部のもので，これを根拠として，国民に納税義務を負わせることはできない。しかも，行政庁内部においても，通達の意味について，例えば所得税基本通達は，「この通達の具体的な適用に当たっては，法令の規定の趣旨，制度の背景のみならず条理，社会通念をも勘案しつつ，個々の具体的事案に妥当する処理を図るように努められたい。」との注意規定をおいている。

② 評価通達は，建物所有を目的とする借地権の中でも一般的な通常の形態

のものには妥当する。しかし，財産の時価すなわち財産の客観的交換価値は，それぞれの財産の現況に応じて定まるものであり，その現況にかんがみて，通達によらないことが正当として是認され得るような特別の事情がある場合は別異に評価すべきである。

③　本件土地においては，1万5,700平方メートル余の土地のうち4.5パーセントの部分（約700平方メートル）に建物が存在しているにすぎず，しかも，賃貸借契約において，建物の増改築・新築や教習コース部分への建物の建築は禁止されている（当事者間に争いがない。）。かかる借地権は，一般の借地権と比較して土地の利用価値が低く，その価額も一般の借地権よりも低く評価すべきである。〈書証番号略〉の不動産鑑定評価書及び同評価書作成者の証言も，このことを裏付けている。したがって，本件権利には，右特別の事情があるというべきであるから，原告は，教習コース部分については，東京国税局の「地上権に準ずる賃借権以外の賃借権」の評価方法に従って評価し，修正申告したものである。

④　課税庁は，本件権利についても，評価通達を機械的に一律適用して，本件各処分をしたものである。また，仮に課税庁主張のように，本件権利を建物敷地部分と教習コース部分とに分けて評価する方法が妥当でないとすれば，本件土地の95.5パーセントを占める教習コース部分の権利の評価方法を，本件権利全体に及ぼし，右東京国税局の評価方法に従って，本件権利全体を評価すべきである。

課税庁の主張

相続税法22条にいう「時価」については，相続税の課税対象となる財産が多種多様であり，その時価を客観的に評価することは必ずしも容易でなく，かつ，納税者間で財産の評価が区々になることは公平の観点から好ましくないことにかんがみ，公開の「相続税財産評価に関する基本通達」（評価通達）を定めて，その評価基準に従って統一的に土地等の評価をしているところ，右通達は，合理的な時価の評価方法として一般に適用されており，右通達によらないことが正当として是認され得るような特別な事情がある場合は別として，原則として右通達による基準に基づいて土地等の評価を行うことが相続税の課税の公平を期する所以である。

右特別な事情については，少なくとも，相続開始時における相続財産の客観的交換価値が取引価額によって具体的に明らかになっていること，及び，その客観的交換価値が通達による評価額との間に著しい格差を生じているとき，の２つの要件を満たす場合をいうものと解すべきであって，納税者のいうような土地の利用形態や契約上の特約条項の存在は，特別な事情に当たらない。納税者の主張は，右時価を財産の利用価値を考慮して評価する考え方に立っているが，相続税法上の時価については，その交換価値ないし取引価値を基にして評価する考え方をとるべきである。

納税者は，通達が法規性を有しないことや，所得税基本通達の注意規定を根拠に，本件各処分を違法であると主張するが，本件各処分は，相続税法22条に基づいて行った処分であり，評価通達によることが正当とされる場合にこれを適用したものであって，なんら違法ではない。

納税者がよりどころとしている東京国税局通達は，雑種地の賃借権であって借地権でないものの評価について定められたもので，借地権の評価が問題とされる本件には，そもそも適用のないものである。したがって，教習コース部分を右通達に従って評価することはもとより，本件権利全体を右通達に従って評価することもできない。

判断の要旨

①　相続税法22条は，相続財産の価額については，同法に特別の定めがある場合を除いて，当該財産の取得時における時価による旨定めているが，同法は，右時価の評価方法についてはなんら定めていない。そこで，従来から国税庁においては評価通達を定めて前記「時価」の評価基準を示し，その評価基準に従って各税務署が統一的に相続財産の評価をし，課税事務を行ってきており，右基準が合理的な時価の評価方法として一般に通用していること

からすると，右基準によらないことが正当として是認され得るような特別な事情がある場合を除き，原則として，右通達の基準に基づいて相続財産の評価を行うことが，相続税課税の公平の観点から相当であるといわなければならない。

②　本件土地全体に借地法の適用があることについては当事者間に争いがなく，立ち退き請求に係る別訴最高裁判決でも建物敷地部分と教習コース部分の一体性を認定して，本件権利が借地法の適用のある借地権である旨判示している。

③　相続税法には，借地権評価についての特別の定めはないので，本件権利の評価は，原則として右評価通達の評価基準によるべきであるところ，本件権利につき，同基準によらないことが正当として是認され得るような特別な事情を認めるに足りる証拠はない。納税者は，本件土地の現況及び賃貸借契約上の利用制限から，本件権利を一般の借地権よりも低く評価すべきであると主張し，不動産鑑定士作成の不動産鑑定評価書及び同人の証言が右主張の裏付けであるとするが，同人の右鑑定評価の根拠が明らかでないうえ，借地権価額○円という評価額そのものも納税者の主張と矛盾するものであり，いずれも採用できない。そうすると，本件各処分は，相続税法22条に基づいて行った処分であるといわなければならず，右条項の解釈通達である評価通達によることが正当とされる本件事案において，右通達に従いなされた本件各処分は適法である。

CASE

20 相続税法22条「時価」の意義と評価通達②

[借地権／相続した借地権割合が近隣より低い場合]

(参考)
東京地方裁判所　平成7年（行ウ）第243号　H9.5.29判決　TKC28040495／TAINS Z223-7925

相続財産に含まれる借地権に関して，相続税法22条にいう「時価」の意義と評価通達の関係に言及した事例である。

借地権の価額を路線価方式に基づいて算定したうえで相続税の申告を行ったが，その後，右方法による借地権の価額は時価を上回っているとして更正の請求をし，更にその主張を前提に遺産分割協議の成立に基づく更正の請求等をしたところ，課税庁から路線価方式を基に右遺産分割協議の結果に従った相続税の更正を受けた事案である。評価通達の意義は，画一的な評価と課税事務の軽減と迅速化であり，結果として納税者間の公平，納税者の便宜，徴税費用の節減という見地からみて合理性があるという結論が導き出される。ある意味，課税側の論理といえなくもない。

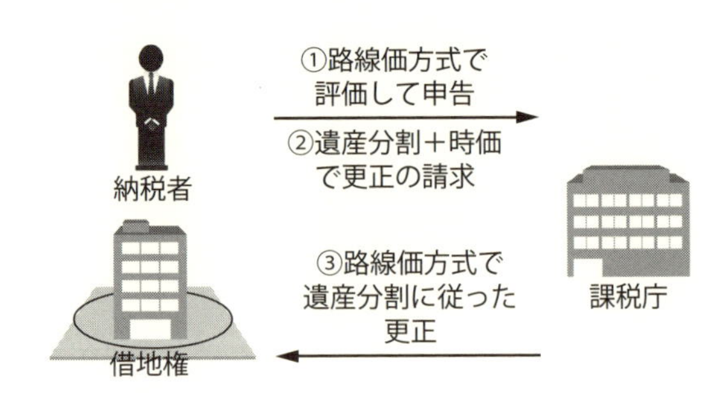

納税者の主張

① 評価基準等は行政庁の内規にすぎないから，相続税法22条にいう時価

はこれらとは別個に求められるべきであり，具体的には不動産鑑定評価基準に照らして判断されるべきである。殊に，地価の下落傾向が継続し，相続人が実際に相続した土地を市場に売却する際には路線価以下でしか売却できないような場合には，評価基準等を画一的に適用することは不適当である。
②　本件宅地は，第一種住居専用地域の割合が高く，面積の割には容積率が取れないため，本件相続時におけるその価額は，平成3年度版東京都地価図で本件宅地周辺に多い坪当たり450万円とみるので妥当である。

また，本件宅地の近隣の慣例的借地権割合は5割であり，しかも，本件借地権は，本件相続時において無断転貸及び期間満了を理由に明渡しを求める調停を賃貸人側から申し立てられていたため，権利としては不安定な状態にあった。そして，借地権は物納の対象とならず，延納が認められるための担保権設定の対象にもならないから，相続税の支払及び延滞税の累積回避等のため，原告らは借地権割合を4割として賃貸人と妥協せざるを得なかった。よって，本件借地権に係る借地権割合は，本件相続の時点における評価としては4割とみるべきである。

課税庁の主張

相続税法22条にいう時価とは，相続開始時における当該財産の客観的交換価値をいうものと解されるが，右にいう客観的交換価値は必ずしも一義的に確定されるものではない。よって，課税実務上は，法に特別な定めがあるものを除き，評価通達及び評価基準に定められている評価方法により画一的に相続財産を評価することとされている。これは，相続財産の客観的な交換価格を個別的に評価する方法では，その評価方式，基礎資料の選択の仕方等により異なった評価価額が生じることが避け難く，また，課税庁の事務負担が重くなり，回帰的かつ大量に発生する課税事務の迅速な処理が困難となるおそれがあること等からして，あらかじめ定められた評価方式によりこれを画一的に評価する方が，納税者間の公平，納税者の便宜，徴税費用の節減という見地からみて合理的だからである。そして，評価通達及び評価基準に規定された評価方法は，時価の評価方法として妥当性を有するものである。また，昭和55年1月1日から平成3年12月31日までの間に相続，遺贈又は贈与により取得した東京国税局管内にある土地等で個別事情のあるものの時価の算定については，東京通達に基づいて行っていたところである。

③　本件借地権も原則として評価基準，評価通達取引東京通達に基づいて評価することとなる。そして，右のように求められた本件価額は，不動産鑑定士の鑑定に基づく本件借地権の価額を下回っている。

また，評価通達に基づく借地権割合は，借地権の売買実例価額，精通者意見価格及び地代の額等を基とし，借地権割合がおおむね同一と認められる地域ごとに定められていること，東京都世田谷区内の借地非訟事件における借地権割合の決定状況などからみて，本件借地権に係る借地権割合を70パーセントとした点には合理性がある。

判断の要旨

①　相続税法は，相続税の課税価格は相続によって取得した財産の価額の合計額であるとし（相法11の2①），相続によって取得した財産の価額は，当該財産の取得の時における時価によるとしている（相法22）。そして，右にいう「取得の時」とは，具体的には被相続人の死亡の日をいい，「時価」とは，客観的な交換価値，すなわち不特定多数の独立当事者間の自由な取引において通常成立すると認められる価額をいうものと解される。

②　相続による財産の取得後にその価値が低下したとしても，課税価格に算入されるべき価額は相続時における当該財産の時価と解すべきである。また，更正が評価基準及び評価通達等に依拠していることは，課税の公平，平等の原則に適合することの理由となるとしても，課税要件としての「時価」評定の適法性を直ちに裏付けるものでないことは納税者らの主張するとおりである。しかし，当該財産の客観的な交換価値が更正に係る価格を下回らないのであれば，当該更正に係る価格には相続税法22条所定の「時価」を上回る違法はないというべきこととなる。

CASE

21 評価通達における市街地農地の意義

［市街地農地／市街地農地をどう評価するか］

（参考）
大阪地方裁判所　平成 8 年（行ウ）第 99 号　H12.5.12 判決　TKC28051636／TAINS Z247-8650
大阪高等裁判所　平成 12 年（行コ）第 64 号　H14.6.13 判決　TKC28110594／TAINS Z252-9132
最高裁判所第三小法廷　平成 14 年（行ツ）第 206 号　H15.4.8 決定　TAINS Z253-9317

市街地農地の評価方法が争点となった事例であるが，相続財産に含まれる都市計画法 7 条 1 項，2 項に規定する市街化区域内に存する農地が評価対象となった。

本件農地は，転用のためには，農地法 4 条 1 項 5 号の適用を受け，農業委員会に対する届出をもって足りることになる。平成 3 年 6 月 5 日，A 市農業委員会に対し，本件農地について転用届出がされ，同月 20 日，同農業委員会は，転用届出について受理決定をしたが，被相続人は同日に死亡した。納税者は，平成 3 年 7 月 12 日，A 市農業委員会に対し，本件転用届出について取下げをしたという内容である。

本事案は，被相続人が転用届を農業委員会に提出し，受理決定の日に死亡するという特異な事例であるが，市街地農地に当たるか否かについて転用届出がされていたか否かという法律的側面による判断が行われたことは，被相続人が自己の意思で提出したことからも当然の結論といえよう。

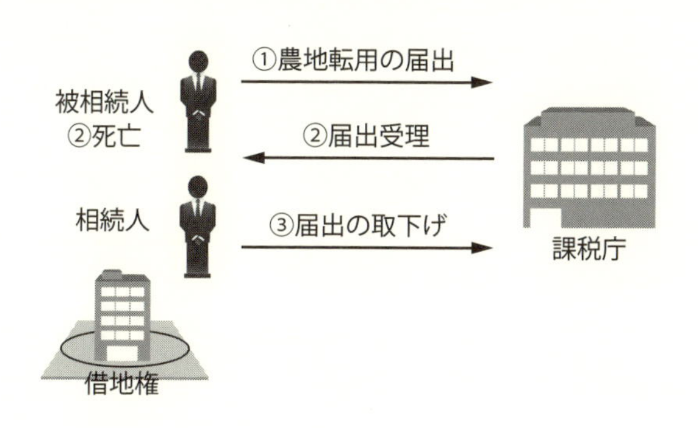

納税者の主張

① 納税者は，被相続人が死亡した後の平成3年6月25日にA市農業委員会へ本件転用届の受理決定通知を取りに行ったところ，担当者から，「本人が亡くなったから受理決定通知は渡せない。」などといわれて，本件転用届出を取り下げるよう強く要請されたため，この要請に応じて右届出を取り下げたものである。このように，本件転用届出は，受理決定の通知がないまま，受理されていないものとして取り扱われた。

② 相続税法22条の趣旨からすれば，市街地農地に当たるか否かは，転用届出がされていたか否かという法律的側面からだけではなく，現実の利用状況にも着目して判断されるべきであるところ，本件農地は，平成5年12月27日に改めて転用届出がされるまで，農地としての利用形態に変化はなかった。

③ 本件転用届出についてA市農業委員会の受理決定がされたのは本件相続開始の日であること，本件転用届出の取下げは，A市農業委員会からの要請に基づくものであること，右取下げは，本件相続開始の日から極めて近接した日にされていることなどの事情を考慮すれば，本件転用届出の受理決定は，右届出の取下げにより遡及的に法的効力を失ったというべきである。

④ A市農業委員会の要請に基づき相続開始直後に本件転用届出の取下げがされたことや，本件農地が相続開始後も現実に農地として利用されていたことなどの事情を考慮すると，本件農地について本件転用届出がされていることのみを理由に市街地農地に当たるとして評価することは「著しく不適当」である。したがって，評価通達6を適用したうえで，本件農地の現実の交換価値に相当する市街地周辺農地として評価すべきである。

課税庁の主張

① A市農業委員会は，本件転用届出の受理決定後，被相続人に対し，受理決定について通知しようとしたところ，納税者から，被相続人の死亡を理由に本件転用届出を取り下げたいと要請があったことから，通知を留保した。

②　評価通達 36-4（2）においては，「市街化区域（都市計画法７条２項に規定する『市街化区域』をいう。）内にある農地のうち，農地法４条１項５号又は5条1項3号の規定により，都道府県知事に転用の届出のあったもの」が市街地農地と定義されていた。
③　市街地農地と市街地周辺農地との区分は，転用届出の有無という法律的側面に着目して行われていたものであり，現実の利用状況に着目して行われていたものではない。
④　転用届出の効力については，受理決定がなされれば，転用届出の申請がなされたときに遡及して効力が生じる扱いとなっているところ，本件転用届出がなされ，本件受理決定がなされた以上，本件転用届出がなされた平成３年６月５日に遡及して本件農地は転用可能な農地となった。確かに，本件受理決定の日と被相続人が死亡した日とは同日であるが，被相続人の死亡は午後７時１分であることからして，本件受理決定が先行している以上，その後に本件転用届出をした被相続人が死亡したとしても，そのことによって影響を受けるものではないし，転用届出の取下げは撤回に当たるから，右取下げによっていったん発生した本件転用届出や本件受理決定の効力が遡及的に消滅するものではない。
⑤　評価通達 39 が，市街地周辺農地について，市街地農地であるとした合計の価額の 80 パーセント相当額で評価する（20 パーセント相当額の減価を行う。）こととしていたのは，農地法に規定する宅地転用の届出のために時間的及び費用的な負担を伴うという考慮に基づくものであったところ，転用届出のための右負担は僅少であるから，さほど重視するに値しないものであるということができ，市街地周辺農地について 20 パーセントの控除を行わないとしても，「著しく不適当」とはいえない。現に平成３年改正後の評価通達 36-4 は，市街地周辺農地の区分や 20 パーセントの控除を廃止している。したがって，かかる視点からも，本件農地について 20 パーセント相当額の減価が行われなかったことが，相続税法 22 条所定の時価の評価として著しく不適当であるということはできない。

判断の要旨

① 評価通達36-4（2）において，市街化区域（都市計画法7条2項に規定する「市街化区域」をいう。）内にある農地のうち，農地法4条1項5号又は5条1項規定により，都道府県知事に転用の届出のあったものは，市街地農地に該当するものとされ，その評価については，評価通達40の定めるところによるものとされていることが認められ，また，本件農地は市街化区域内に存するものであることは，平成3年6月5日，A市農業委員会に対し，本件農地につき本件転用届出をしたこと，A市農業委員会は，同月20日，本件転用届出につき受理決定をしたことは，同日午後7時1分に死亡したことは，いずれも当事者間に争いがない。

② 認定の事実によれば，本件転用届出は，平成3年6月20日にA市農業委員会に受理されたことにより，右届出がされた同月5日に遡ってその効力を生ずることになるから，本件農地についての相続が開始した同月20日の時点においては，評価通達にいう市街地農地に該当していたことになる。そうすると，相続財産の評価は，相続開始時における時価によるものであるから（相法22），評価通達に従えば，本件農地は市街地農地として評価すべきことになる。

③ 納税者は，相続税法22条の趣旨からして，市街地農地に当たるか否かは，転用届出の有無だけでなく，現実の利用状況にも着目して判断すべきであり，平成5年12月に至るまで農地としての利用形態に変化のなかった本件農地を市街地農地として評価するのは違法である旨主張する。

ところで，相続により取得した財産の価額は，特別の定めがあるものを除き，当該財産の取得のときにおける時価により評価されるが（相法22），右「時価」とは，相続開始時における当該財産の客観的な交換価値，すなわち，それぞれの財産の現況に応じ，不特定多数の当事者間において自由な取引が行われる場合に通常成立すると認められる価格をいうと解すべきである。もっとも，すべての財産の客観的な交換価値が必ずしも一義的に確定されるものではないから，納税者間の公平，納税者の便宜，徴税費用の節減という見地に立って，合理性を有する評価方法により画一的に相続財産を評価することも，当該評価による価額が相続税法22条に規定する時価を超えない限り適法なものということができる。その反面，いったん画一的に適用すべき評価方法を定めた場合には，納税者間の公平及び納税者の信頼保護の見地から，評価通達によらないことが正当として是認され得るような特別な事情がある場合を除き，評価通達に基づき評価することが相当である。

そして，評価通達が，農地の現況によってではなく，転用届出があったか否かという法律的側面に着目して市街地農地に当たるか否かを区別していることは，その文言に照らして明らかであるところ，市街化区域内にある農地の時価を算定するに当たり，農地の現況にかかわらず，転用届出のない農地の価額を転用届出のあった農地の価額の100分の80と評価すること（評価通達39，40）が特段不合理であるとはいい難いから，市街地農地に当たるか否かに関する評価通達の定めが，相続税法22条の趣旨に反するものであるということはできない。よって，現実の利用状況をも考慮すべき旨を述べる納税者の前記主張は採用することができない。

④　納税者が本件相続開始後の平成3年7月12日，A市農業委員会に対し，本件転用届出の取下げをしたことは当事者間に争いがないところ，納税者同は，本件転用届出についてA市農業委員会の受理決定がされたのは本件相続開始の日であること，本件転用届出の取下げはA市農業委員会の要請に基づくものであること，右取下げは本件相続開始の日から極めて近接した日にされていることなどの事情を考慮し，本件転用届出の受理決定は右取下げにより遡及的に効力を失ったものであると主張する。そして，右の点に関して，納税者原告本人は，A市農業委員会から本件転用届出を取り下げるように指示された旨供述し，同人の陳述書にも同趣旨の記載がある。

しかしながら，農地の転用届出後に届出人が死亡したことが判明したからといって，いったん受理決定をしたことによりすでに届出のなされた日に遡ってその効力が生じた転用届出を取り下げさせる必要がA市農業委員会の側にあったとは認め難く，A市農業委員会事務局長からの聴取書の記載内容（家族から，死亡したため受理決定通知を保留してほしいとの要請があったものであり，農業委員会から本件転用届出の取下げを指示したことはない旨が記載されている。）にも照らすと，A 市農業委員会から本件転用届出の取下げを指示された旨の納税者本人の右供述等はたやすく信用することができず，また，転用届出の受理決定があった後に右届出の取下げがあったからといって，右届出及び受理決定の効力が遡及的に消滅すると解すべき根拠もない。よって，本件転用届出の取下げがあったことをもって，右届出が遡及的に効力を失い，本件農地が本件相続開始時には市街地農地ではなかったことの根拠とすることはできないから，納税者の前記主張は失当である。

⑤　納税者は，本件農地について本件転用届出がされていることのみを理由に市街地農地に当たるとして評価することは，評価通達６に定める「著しく不適当」と認められる財産の評価であるから，評価通達６を適用したうえで本件農地を市街地周辺農地として評価すべきであると主張するけれども，納税者の主張内容を考慮しても，本件農地を市街地農地として評価することが著しく不適当であるとまで認めることはできず，右主張も採用することができない。以上のとおりであるから，本件更正は，本件農地を市街地農地として評価した点において違法はない。

CASE 22 評価通達によらないことが相当な特段の事情

［山林／評価通達によらないことが相当な特段の事情］

（参考）
東京地方裁判所　平成 20 年（行ウ）第 265 号　H22.7.30 判決　TKC25443794／TAINS Z888-1610
東京高等裁判所　平成 22 年（行コ）第 302 号　H23.2.16 判決　TKC25443695／TAINS Z888-1611

いわゆる里山といわれる東京都Ｈ市内の市街化調整区域のうち，農業振興地域内の農用地区域等に存する山林の評価額について，評価通達によって評価することが相当ではないと認められる特段の事情があるとは認められないとされた事例である。

山林の評価は，さらに純山林，中間山林，市街地山林などその山林が存在する地域の状況に応じて区分し，その評価方法が定められているが，具体的には地勢，土層，林産物の搬出の便など個別事情を斟酌して地域ごとに定められることを，本事案では明示している。

評価通達によって評価することが相当ではないと認められる特段の事情がない限り，評価通達による財産の評価は適切な時価と推認される。本事案では，本件各土地及び本件各山林の事情はこの特段の事情に該当せず，税務署長が評価通達に従い行った評価は適切であると判断している。

土地の評価だけでなく財産を客観的に評価することは非常に難しいことから，財産評価をめぐっては納税者と課税庁の間で紛争が頻発している。財産の特殊性を反映しなければ必ずしも適切な評価はできないが，評価における恣意性を排除しなければ納税者間の公平を図ることができないといった問題が生じる。

もっとも，財産の評価は個別具体的であるから，本判決の判断を他の事例に形式的に当てはめるべきではない。例えば，市街地周辺山林は中間山林と評価すべきであるとして本判決から即断すべきでない。当該山林の通達による評価について，通達による評価が相当でない特段の事情があるか否かの個別的事情に即した検証が不可欠である。財産の評価をめぐる判例は，何が特段の事情であるかを適切に判断するための重要な指標である。

【山林の評価方法】

その山林が存在する地域の状況により
純山林か，市街地山林か，中間山林か等で区分して評価

具体的には

地勢，土層，林産物の搬出の便などの
個別事情を斟酌して地域ごとに定められる

納税者の主張

① 評価通達において山林の評価単位は原則 1 筆とされているが，課税庁は一つの町に属する土地地積を総合計した地積を評価単位とし，その固定資産税評価額に一つの町全体に共通の倍率を乗じて評価額を計算しており，評価通達に反する。このような評価方法は，各筆の特性である地勢，土層，林産物の搬出の便等の価格構成における極めて重要な要素を無視又は放棄したもので，極めてずさんなものになるから適正時価の算定とはいえない。
② 固定資産税の評価額が地勢，土層，林産物の搬出の便等に応じて妥当に付されている場合であればともかく，全地域について 1 平方メートル当たり 27.7 円という同一の固定資産税評価額が付されている H 市の場合は，町ごとに画一的な倍率を定める方式では，山林の各要素に基づく価値の差異が反映されるはずがなく，極めて不均衡かつ不公平な評価となっているから，そのような評価方法は，相続税法 22 条に違反し，また，評価通達の原則である「財産の評価に当たっては，その財産の価額と影響を及ぼすべきすべての事情を考慮」したことにはならず，評価通達にも違反する。
③ 山林が中間山林に当たるか，純山林に当たるかは，所在地のみならず，地勢，土層，林産物の搬出の便等も加味して判断すべきであり，また，山林

の価額は，評価単位である１筆ごとに評価するべきであるところ，本件再更正処分では，正しくは純山林に当たる山林を，所在する地域のみを基準として中間山林と評価しているが，これは不当である。また，中間山林の定義からして，通常の山林と状況を異にするものではなければ，純山林とされるべきであり，全域の山林を中間山林とすることは，中間山林の解釈を誤ったものである。同地域は住宅地として発展途上にある地域であるとはいえるが，本件山林のうちには，地勢地形等が複雑かつ劣悪であって，傾斜角度も相当大きい山林があり，これらは，容易に造成できないから，純山林として評価すべきである。

課税庁の主張

①　評価通達では，山林の倍率を，〔1〕純山林について，地勢，土層，林産物の搬出の便等の状況の類似する地域ごとに，〔2〕中間山林については，地価事情の類似する地域ごとにその地域にある山林の精通者意見価格等を基として国税局長が定めるとされている。この場合の「類似する地域」について「町名」又は「大字」などの行政区画としてまとまった地域ごとに評価倍率を定めることは，課税事務の公平と効率の観点から合理性を有し，町名を単位に評価倍率を定める方法が著しく合理性を欠くといった特段の事情が存しない限り，町名を地域の単位とする方法は，合理的な評価方法として一応是認できるところ，本件各山林が所在する各町を取り巻く地理的状況は，各町内では著しく異なるものではないから，本件において，結果として各町を単位に山林の倍率を定めた方法が著しく合理性を欠くものではない。

②　純山林は通常林業経営のための林地と解されており，また，中間山林は市街地付近又は別荘地帯等にある山林で，通常の純山林と状況を異にするため純山林として評価することを不適当と認めるものをいうとされるところ，平成16年分倍率表によると，H市において純山林として区分される地域はおおむね都道△号線を境に同市内の西側に存する一帯の地域に限られ，その地域は，隣接するθ村，相模原市等の山林地域とともに広範な純山林地域

(いわゆる奥山）を構成しているのであり，その東側においては，おおむね市街地との境に当たる地域までの間に所在する山林を中間山林として区分されている。そして，本件各山林は，その東側の地域に属し，いずれも市街地付近にあって，周辺には，学校，病院，ゴルフ場，不燃物処理センター，霊園といった施設が多数所在し，そのような施設に乏しい都道△号線以西とは明らかに状況を異にしている。すなわち，本件各山林は，通常の林業経営のための山林とは状況を異にしており，純山林としての評価が不適当であることは明らかである。

純山林，中間山林又は市街地山林は，地理的な条件は異なるものの，いずれも同一状況下で竹木の生育する一定の面的な広がりをもった一団の林地と解され，例えば，その全体的な地理状況から中間山林と区分された土地の中に，一部地勢，地形等が複雑で，傾斜の度合いが強い部分があったとしても，その部分のみをとらえて純山林として区分し，評価を別にすることは，評価通達が定める山林の評価方法として合理的なものといえない。したがって，本件各山林の全部又は一部を純山林として評価すべきであるとの納税者の主張は失当である。

③　納税者は，本件再更正処分における本件各山林の評価額は，地元精通者の意見に比し，相当に高額である旨主張するが，この主張には客観的な裏付けがなく，失当である。納税者は，本件各山林の一部は，その地勢，傾斜角度等の要素からして，相当な造成費を投じない限り宅地転用ができないものもあるから，本件各山林の評価は，この点を考慮して行われるべきである旨主張するが，本件各山林は市街化調整区域にあり，原則として建築物の建築の用に供する目的で行う土地の区画形質の変更等の開発行為は禁止されているから，本件各山林の評価について，宅地化を前提に個別の事情を考慮した評価方法を採ることは，時価算定の方法として合理的ではなく，納税者の主張は，前提を欠く。

判断の要旨

①　評価通達の定める評価方法は，一般的に合理性を有するものとして，課税実務上も定着しているものということができる。したがって，相続財産の価格は，評価通達によって評価するとかえって実質的な租税負担の公平を著しく害することが明らかであったり，その評価方法によっては時価を適切に算定することができず，これを超える結果となることが明らかであるなど，評価通達によって評価することが相当ではないと認められる特段の事情がない限り，評価通達に規定された評価方法によって評価するのが相当であり，その評価の結果をもって適切な時価と推認することができるものというべきである。

②　納税者は，一つの町に属する山林全体について同一の倍率を付することは相続税法22条に反し，評価通達7-2（3）にも違反する旨主張する。しかし，納税者の指摘する評価通達の定めは，山林の評価の単位を1筆とする旨定めたものにすぎず，山林の評価倍率をどのように定めるかにはかかわらないと解される。むしろ，評価通達48が，地価事情の類似する地域ごとに国税局長が倍率を定める旨規定していることからすると，評価通達は，画一的かつ迅速的な処理の観点から，国税局長が同一の倍率を定める地域に含まれる各山林の地価事情が同一であることまでを求めているとはいえず，ある程度地価事情に幅があることを予定していると解するのが相当であり，地価事情が類似すると認められる範囲であれば，地価事情が多少異なる土地について同一の倍率が定められていても，評価通達に反することにはならないと解すべきであり，このことは，一つの町に属する山林全体に同一の倍率が付されたとしても同様である。

③　このことを更に敷えんすると，山林である以上，一部に標高の高い部分や急勾配の部分が含まれることは当然であり，評価通達はそのようなことも勘案したうえで「地価事情の類似する地域」ごとに倍率を定めるべきことを定めていると解される。そして，中間山林は，市街地や別荘地の周辺に位置し，通常の山林（評価通達47が，林産物の搬出の便を価額の考慮要素とし

ていることからして，林業を目的とするものをいうと解される。）と状況を異にすることにかんがみれば，中間山林の価額を決定する事情としては，林産物の搬出の便等林業経営に着目した事情よりも，周辺の市街地化の程度や市街地の中心への交通の便といった所在地による事情が主要なものになると考えられ，以上によれば，町という行政上の地域区分に属する山林全体について同一の倍率が付されたとしてもそのことから直ちに当該国税局長の定めが不合理であるとはいえず，相続税法22条に反するということもできないというべきである。

④　納税者は，本件土地４と本件土地７が傾斜や林産物の搬出距離などにおいて大きく異なるにもかかわらず１平方メートル当たりの価額が同一となっているのは不合理である旨主張する。しかし，前示のとおり，個別の事情はある程度捨象されて評価額は算定されるのであり，市街地化の程度や市街地の中心への交通の便が同等である町を単位として同一の倍率を定めることが不合理であるとは認められないことにかんがみ，そのことから直ちに評価通達によって評価することが相当ではないと認められる特段の事情があるということはできない。

CASE

23

小規模宅地評価の適用範囲

[小規模宅地／特例の適用要件を満たしているか]

（参考）
東京地方裁判所　平成6年（行ウ）第339号　H8.3.22判決　TKC28011557／TAINS Z215-7685
東京高等裁判所　平成8年（行コ）第36号　H9.2.26判決　TKC28040442／TAINS Z222-7868
最高裁判所第一小法廷　平成9年（行ツ）第130号　H10.6.25判決　TKC28051119／TAINS Z232-8191

相続財産に含まれる土地において，小規模宅地等についての相続税の課税価格の計算の特例は適用されないと判示した事例である。相続税法の改正により，相続税対策が話題となり雑誌等にも相続税の節税策と称する記事が散見される。その中で必ず登場するのが，本事案の争点である小規模宅地の特例であることはいうまでもない。現行の小規模宅地の特例は，本事案の時期より適用要件が厳しくなっているが，本質的な問題は変更はない。この特例が，少なくとも事前の対応ができる要件であることを踏まえれば，相続税の節税策のひとつといえるかもしれない。

【小規模宅地特例の一例】

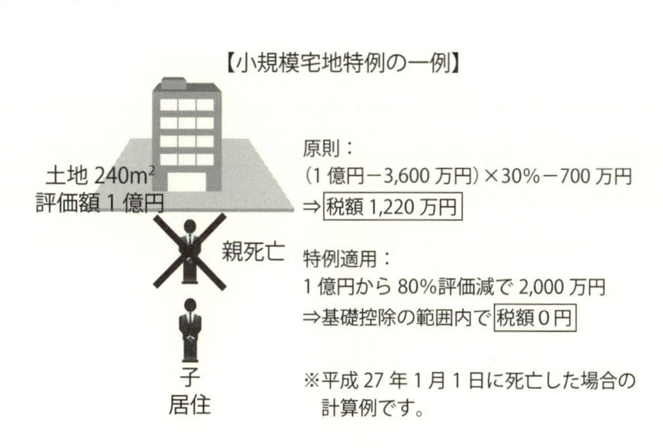

納税者の主張

本件宅地のように，相続開始の直前において，未だ土地上に建物が建築されてはいないものの，既に被相続人が当該土地に居住用建物を建築するための工事請負契約を締結し，建築の準備行為が進んでおり，当該土地が居住用建物の敷地として使用されることが客観的に明らかである場合には，当該土地の交換価値が顕在化することはあり得ないのであるから，当該宅地について小規模宅地等の特例を適用すべきである。現に，居住用建物の建築中にその敷地の相続が開始された場合に本件特例の適用を認めるとする通達も存在するのであり，本件宅地について小規模宅地等の特例の適用を拒む理由は何もないというべきである。

課税庁の主張

居住用宅地かどうかの判定を相続開始直前の一時点だけで行うことは，小規模宅地等の特例の制度が設けられている趣旨に必ずしも合致したものとはいえないことから，平成元年5月8日付け直資2-208「租税特別措置法（相続税法の特例のうち農地等に係る納税猶予の特例及び延納の特例関係以外）の取扱いについて」の69の3-7の通達（以下「本件通達」という。）は，相続開始時において，居住用建物が建築中であって，当該建物を相続した者が相続税の申告書の提出期限までに当該建物を居住の用に供しているとき，あるいは当該建物の完成後速やかに居住の用に供することが確実であると認められるときは，その敷地を居住用宅地に当たるものとして取り扱うとしているが，本件宅地は，本件相続開始直前において亡三男の居宅の建築予定地であったにすぎず，このような居住用の敷地として物理的に使用されていない更地の場合にまで小規模宅地等の特例を適用することはできない。

判断の要旨

① 平成元年5月8日付け直資2-208「租税特別措置法（相続税法の特例のうち農地等に係る納税猶予の特例及び延納の特例関係以外）の取扱いについて」の69の3-7の通達（本件通達）は，相続開始時において，居住用建物が建築中であって，当該建物を相続した者が相続税の申告書の提出期限ま

でに当該建物を居住の用に供しているとき，あるいは当該建物の完成後速やかに居住の用に供することが確実であると認められるときは，その敷地を居住用宅地に当たるものとして取り扱うとしているが，本件通達によれば，被相続人等の居住の用に供されると認められる建物の建築中に，相続が開始した場合において，当該建築中の建物を相続により取得した者が，当該相続に係る相続税の申告書の提出期限までに当該建物を居住の用に供しているときは，当該建物の敷地に供されていた宅地等は，居住用宅地に当たるものとして取り扱うものとし，また，相続税の申告書の提出期限までに当該建物を居住の用に供していない場合であっても，それが当該建物の規模等からみて建築に相当の期間を要するため建物が完成していないことによるものであるときは，当該建物の完成後速やかに居住の用に供されることが確実であると認められるときに限り，当該建物の敷地の用に供されていた宅地等は，居住用宅地に当たるものとして取り扱うものとされている。

②　小規模宅地等の評価の特例（本件特例）は，個人が相続又は遺贈により取得した財産のうちに，相続開始の直前において，被相続人等の事業の用又は居住の用に供されていた宅地等がある場合には，そのうち200平方メートルまでの部分について，相続税の課税価格に算入すべき価額の計算上，一定の割合を減額するというものであるが，これは，事業又は居住の用に供されていた小規模な宅地等については，一般にそれが相続人等の生活基礎の維持のために欠くことのできないものであって，相続人において事業又は居住の用を廃してこれを処分することに相当の制約があるのが通常であることから，相続税の課税上特別の配慮を加えることとしたものということができる。

ところで，租税特別措置法69条の3第1項が「居住の用に供されていた宅地等で…建物若しくは構築物の敷地の用に供されているもの」と規定していることからすれば，本件特例が適用される居住用宅地は，相続開始直前において，被相続人等が現に居住の用に供していた宅地を意味し，通常は，当該土地を敷地とする建物が現に存在しこれを居住用として使用している場合がこれに当たるといえるが，建物の建築にはある程度の期間が必要であり，居住用建物の建築途中で偶然に土地所有者につき相続が開始することもあり得ることを考えると，相続開始当時，未だ建物が完成していないとしても，その土地上で既に居住用建物の建築工事が行われており，居住用建物の敷地としての土地の使用が具体化ないし現実化しているとみることができるような場合についてまで，本件特例の適用を否定することは必ずしも当を得た解釈ということはできない。その意味で，相続開始時には建築途上にあった居住用建物の敷地を一定の条件のもとで居住用宅地として扱うものとした本件通達は，本件特例の解釈としてそれなりの合理性を有しているということができる。

③　しかしながら，建築中の居住用建物の敷地を居住用宅地として扱うのは，居住用建物が建築中であることにより，当該土地について，既に居住用建物の敷地としての使用が具体化ないし現実化しているとみることができることによるものというべきであるから，そのためには少なくとも相続開始時に当該土地上において現実に居住用建物の建築工事が着手され，当該土地が居住用建物の敷地として使用されることが外形的・客観的に明らかになっている状態にあるといえることが必要であると解すべきであり，相続開始時において，単に当該土地上に居住用建物を建築する計画があるとか，居住用建物の建築請負契約を締結しているというだけで，現実には未だその建築工事に着手していない場合には，その土地は単なる建築予定地でしかなく（居住用建物の敷地としての土地の使用が未だ具体化ないし現実化しているということができない。），これを居住用宅地として扱うことはできないというべきである。

CASE

24 評価通達における上場株式評価の趣旨①

［上場株式／評価通達の規定を利用した贈与］

（参考）
東京地方裁判所　平成6年（行ウ）第202号　H7.4.27 判決　TKC28010869／TAINS Z209–7510

上場株式に対する評価方法の趣旨に言及した事例である。

納税者が，母から売買契約に基づき取得した上場株式について，買い受けた上場株式の譲渡時点の東京証券取引所における最終価格と株式の売買代金との差額について相続税法7条に基づき贈与により取得したものとみなされた。

上場株式であるJ社株について，納税者が母から購入する価額を1株当たり997円と設定した。これは，相続税評価額に1円加算した価額である。これに対して，売買契約締結日におけるJ社株の東京証券取引所最終価格が1,620円であったことから，この差額がみなし贈与と認定されたのが，本事案である。

納税者の主張によれば，個人間の上場株式の売買においては，銀行や証券会社，さらには税理士等も，平成2年8月の評価通達の改正以前は，評価通達169が適用されて株式の評価がなされるものと考えており，それにそって節税対策がとられ，税務署もこれを認める運用をしてきたという。この運用の実際については，寡聞にして承知していないが，課税庁及び裁判所も運用状況には言及していない。

確かに親族間の土地売買における価額の算定において，実勢価格が曖昧な場合には相続税評価額を参考にすることは実務的には考えられる。適正な時価が判断できないから参考価格といえるのであるが，本事案では上場株式としての時価が明確である。評価通達は時価が明確でないことから，時価を算定する手段であり，いうまでもなく相続財産及び贈与財産の評価のためのものである。仮に節税対策としても，親族間取引は他人間取引と比較して遜色ない取引内容であることが大原則であり，その極めつけが取引額の客観性であることが，いわば王道であることを忘れてはならない。

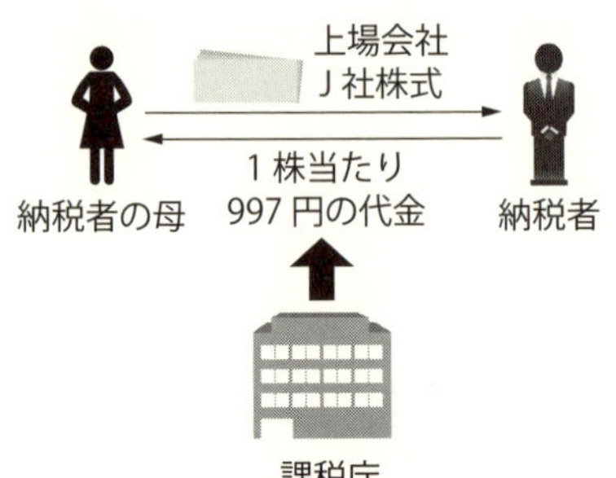

納税者の主張

① 納税者は，公表されている評価通達169によれば，J社1株当たりの時価が，東京証券取引所における平成2年4月のJ社株式1株当たりの最終価格の月平均額である996円と評価されることから，右株式を1株当たり997円で母から買い受けても著しい低額譲渡には該当せず，贈与税が課税されることはないと判断し，本件売買契約を締結したものであり，これに対して，評価通達を適用しないでJ社株式の時価を評価することは，租税法律主義に反し，国民の納税額の予測可能性を害し，財産権の不可侵の保障にも反するものである。

② 課税するに当たっては，法の下の平等に反してはならないのであり，国がその行為や判断の基準として国民に公表したものに反して，恣意的，不意打ち的に行為ないし判断を変更することは，国民の予測を裏切るのみならず，同種類の財産の移動につき，ある者は課税され，ある者は課税を免れるという不公平が発生することは明らかである。

③ 本件のような取引方法は，高額の相続税をできるだけ少なくするための

法律の許す範囲内の節税対策であり，こうした節税対策をとったからといって，なんら非難されるべきいわれはない。本件のような節税対策は，国民一般に広く行われていると思われるところ，同種の株式売買すべての事例について課税することなく，納税者の場合のみに，評価通達の定める方法によらない評価方法をとって課税することは平等原則に反することは明らかである。
④　課税庁は，評価通達 169 を画一的，形式的に適用することにより実質的な不公平が生ずる旨主張するが，実質的であれ形式的であれ，右通達が国民すべてに平等に適用されるのであれば，節税対策として本件のような方法をとる機会は国民に平等に与えられているといえるから，このような節税方法をとらなかった者との間で税額に差が生ずるとしても，これをもって不公平ということはできない。

課税庁の主張

①　上場株式の評価に関して評価通達 169 は，上場株式の価額は，その株式が上場されている証券取引所の公表する課税時期の最終価格又は課税時期の属する月以前 3 か月間の最終価格の月平均額のうち最も低い価額によって評価する旨定めている。相続税法 7 条の定める時価を前記のとおりとすると，証券取引所における取引価格が毎日公表されている上場株式に関しては，本来，課税時期における証券取引所の当該上場株式の最終価格をもって時価とすれば足りるとも考えられる。しかしながら，評価通達に基づいて評価することが予定されている相続，贈与による財産の移転が，主に夫婦間及び親子間などにおいて行われるような対価を伴わないものであり，特に相続は，被相続人の死亡という偶発的な要因に基づき発生するものであるところ，証券取引所における上場株式の価格は，その時々の市場の需給関係によって値動きすることから，時には異常な需給関係に基づき価格が形成されることもあり得るので，こうした偶発的な価格によって上場株式が評価される危険性を排除するため，評価通達は，課税時期における証券取引所の最終価格のみならず，ある程度の期間の最終価格の月平均額をも考慮して上場株式の評

価を行うこととしたものである。

② 母から納税者に対するＪ社株式譲渡に関する一連の取引は，母は，Ｊ社株式の１株当たりの購入価格 1,640 円とその後本件売買契約に基づき納税者に譲渡した１株当たり 997 円との差額 643 円に 36 万株を乗じた２億3,148 万円相当の経済的損失を受け，納税者は，同額の経済的利益を得たものであるが，納税者の経済的利益は，当初からＪ社株式の市場価格と評価通達169 に基づいて計算される価格との間に相当の開差があることに着目して，贈与税の負担を回避すべく計画的に行われたものであり，通常の第三者間では成立し得ない著しく低い価格によって本件売買契約を締結し，かつ，上場株式の取得から売却までの間の株価の変動による危険を防止するため，証券会社の信用取引を介在させるという方法まで講じているものである。

このような計画的な取引は，評価通達 169 の目的とする趣旨にそったものではないから，本件売買契約に基づく売買に関して評価通達 169 を適用する必要性がないことは明らかであり，本件売買契約に係るＪ株式の時価につき，評価通達 169 を画一的，形式的に適用して評価することは，かえって，相続税法７条の立法趣旨に著しく反することになる。

したがって，本件売買契約におけるＪ社株式の時価は，その客観的交換価値を最も的確に反映している東京証券取引所の課税時期の最終価格である１株当たり 1,620 円によって算定することが最も合理的な評価方法であるといえる。

判断の要旨

① 相続税法７条に規定される時価とは，課税時期において，それぞれの財産の現況に応じ，不特定多数の当事者間で自由な取引が行われた場合に通常成立する価額をいうものと解するのが相当であるが，相続対象財産の客観的交換価格は必ずしも一義的に確定されるものではなく，これを個別に評価すると，評価方法等により異なる評価額が生じたり，課税庁の事務負担が重くなり，課税事務の迅速な処理が困難となるおそれがあるため，課税実務上

は，財産評価の一般的基準が評価通達により定められ，これに定められた評価方法によって画一的に財産の評価が行われているところである。

右のように評価通達によりあらかじめ定められた評価方法によって，画一的な評価を行う課税実務上の取扱いは，納税者の公平，納税者の便宜，徴税費用の節減という見地からみて合理的であり，一般的には，これを形式的にすべての納税者に適用して財産の評価を行うことは，租税負担の実質的公平をも実現することができ，租税平等主義にかなうものであるというべきである。

②　しかしながら，評価通達による画一的評価の趣旨が右のようなものである以上，これによる評価方法を形式的，画一的に適用することによって，かえって実質的な租税負担の公平を著しく害し，また，相続税法の趣旨や評価通達自体の趣旨に反するような結果を招来させる場合には，評価通達に定める評価方法以外の他の合理的な方法によることが許されるものと解すべきである。このことは，評価通達６が「この通達の定めによって評価することが著しく不適当と認められる財産の価額は，国税庁長官の指示を受けて評価する」と定め，評価通達自らが例外的に評価通達に定める評価方法以外の方法をとり得るものとしていることからも明らかである。

③　評価通達 169 は，上場株式の評価に関して，上場株式の価額は，その株式が上場されている証券取引所の公表する課税時期の最終価格又は課税時期の属する月以前３か月間の最終価格の月平均額のうち最も低い価額によって評価する旨定めている。証券取引所における取引価格が毎日公表されている上場株式に関しては，本来，課税時期における証券取引所の最終価格が当該上場株式の客観的交換価値，すなわち，それぞれの財産の現況に応じ，不特定多数の当事者間で自由な取引が行われた場合に通常成立する価額そのものであるということができる。しかしながら，評価通達に基づいて評価することが予定されている相続，贈与による財産の移転が，主に夫婦間及び親子間などにおいて行われるような対価を伴わないものであり，特に相続は，被相続人の死亡という偶発的な要因に基づき発生するものであるところ，証券

取引所における上場株式の価格は，その時々の市場の需給関係によって値動きすることから，時には異常な需給関係に基づき価格が形成されることもあり得るので，こうした一時点における需給関係に基づく偶発的な価格によって偶発的な要因等によって無償取得した上場株式が評価される危険性を排除し，評価の安全を確保するため，右評価通達169は，課税時期における証券取引所の最終価格のみならず，ある程度の期間の最終価格の月平均額をも考慮して上場株式の評価を行うこととしたものであると解することができる。
④　本件売買契約に基づくJ社株式の譲渡の取引経過についてみるに，納税者及び母は，本件売買契約に先立ち，平成2年6月18日に，口座を設定したM証券に対し，母についてはJ社株式36万株を1株当たり1,640円という市場価格で購入する注文を，一方，納税者についてはJ社株式36万株を同額で信用売りするという注文をそれぞれ依頼しており，同日に同一銘柄を同株数，しかも同じ指値で売買注文をしていることは，当事者間に争いのないところである。このことからすれば，右注文に基づき証券市場において売買が成立することは容易に予想されるところであって，納税者らもこれを当然承知のうえで，右信用取引を介在させ，同日，同一銘柄，同株数及び同額の相対する取引を成立させることにより，原告及び母の親子間においては，右株式の取得から売却までの間に発生する証券市場における株価の変動による危険を防止しようとしたことがうかがわれるところである。また，納税者が，母の株式取得及び納税者の信用取引のわずか8日後に本件売買契約を締結し，母から株式の購入価格や取引時の市場価格を無視した金額で株式を購入したこと，続いて，納税者は，自己が行った信用売りの決済を母から取得した右株式の現物を充当し，譲渡代金を受領するという方法をとったこと，右一連の取引によって，母は，J社株式の購入価格と本件売買契約における譲渡価格との差額相当の経済的損失を受ける一方，納税者は右損失額にほぼ相当する経済的利益を受けていることは前記のように当事者間に争いのないところである。このことからすれば，右取引は，J社株式の市場価格と評価通達169に基づいて計算される価格との間に相当の開差があることを利用

して，母から納税者への実質的な財産の移転につき贈与税の負担を回避するために行われたものであるということができる（なお，納税者も，評価通達169に基づく同株式の平成２年４月の最終価格の月平均額を考慮すれば，右経済的利益について贈与税が課税されることはないとの判断に基づいて，本件売買契約を締結したことは自認しているところである。)。

⑤　本件売買契約を含む一連の取引は，専ら贈与税の負担を回避するために，財産をいったん株式に化体させたうえ，通常第三者間では成立し得ない著しく低い価額により本件売買契約を締結し，かつ，証券取引所における株価の変動による危険を防止する措置も講じたうえ，母から納税者への相続対象財産の移転を図る目的で行われたものというべきである。そうすると，このような取引について評価通達169を適用することは，偶発的な財産の移転を前提として，株式の市場価格の需給関係による偶発性を排除し，評価の安全を図ろうとする同通達の趣旨に反することは明らかである。そして，このような取引について，同通達を形式的，画一的に適用して財産の時価を評価すべきものとすれば，経済的合理性を無視した異常な取引により，多額の財産の移転につき贈与税の負担を免れるという結果を招来させることとなり，このような異常な取引を行うことなく財産の移転を行った納税者との間での租税負担の公平はもちろん，目的とする財産の移転が必ずしも多額ではないために，このような方法をとった場合にも，証券取引に要する手数料等から，結果として贈与税負担の回避という効果を享受する余地のない納税者との間での租税負担の公平を著しく害し，また，相続税法７条の立法趣旨に反する著しく不相当な結果をもたらすこととなるというべきである。したがって，このような場合に，評価通達169に定める評価方法を形式的に適用することなく，本来的に上場株式の客観的な市場価格であることが明らかな証券取引所の公表する課税時期の最終価格による評価を行うことには合理性があるというべきである。

CASE

25 評価通達における上場株式評価の趣旨②

[上場株式／評価通達の規定を利用した贈与]

(参考)
東京地方裁判所　平成6年（行ウ）第321号　H7.7.20判決　TKC28010393／TAINS Z213-7556
東京高等裁判所　平成7年（行コ）第99号　H7.12.13判決　TKC28011275／TAINS Z214-7626

贈与の対象となった上場株式について，評価通達の法規性について言及した事例である。

上場株式の負担付贈与を受け，贈与税の課税価格をゼロとして申告したところ，課税庁が，右株式の贈与時点の東京証券取引所における最終価格が右株式の価額であるとの判断に基づき右贈与に係る負担額との差額を課税価格として課税処分を行ったので，納税者らが，右株式の価額は，東京証券取引所における課税時期の最終価格又は課税時期の属する月以前3か月間の毎日の最終価格の各月ごとの平均額のうち最も低い価額によって評価すべきであり，これによれば，右株式の価額と右贈与に係る負担額との差額はゼロであると主張した事案である。いわゆる通達課税の功罪について，裁判所が言及しているが，納税者が行った租税回避的な手法を否定した結論となっている。

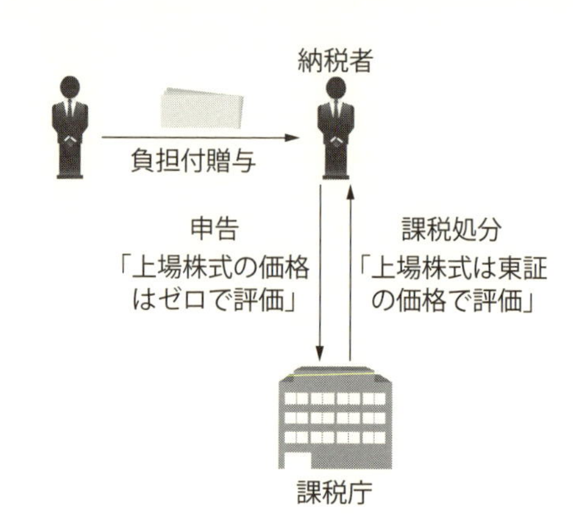

納税者の主張

①　評価通達は，相続税法22条に定める時価について，その執行者がこれを有権的に解釈したものであり，本来法律で定めるべき重要な事項を通達の形式で規定しているものである。そして，評価通達は，昭和39年に公表されて以来，例外なく適用されているものであり，右通達は，申告納税制度の下においては，単なる行政庁内部の規定としてではなく，納税者が申告する際に使用すべき財産の評価基準として納税者を拘束するものであり，納税者や税理士にとって，右通達による評価方法の適用は法的確信となっており，右通達はいわゆる租税慣例法，行政先例法となっていたものである。

②　本件において，原告らが評価通達169に従って贈与税の申告をしたことは当然であり，これが，たまたま株価の高騰と同通達の評価方法の乖離によって生じた間隙を縫う結果となったとしても，あるいは，仮に原告らが意図的に右間隙を縫って税金を軽減する結果を得たとしても，租税慣例法というべき同通達に従ってなされた申告を課税庁において安易に否定することはできないというべきである。

課税庁の主張

①　相続税法22条にいう時価とは，課税時期におけるそれぞれの財産の現況に応じ，不特定多数の当事者間で自由な取引が行われた場合に通常成立する価額，すなわち，当該財産の客観的交換価格をいうものであるが，財産の客観的交換価格は必ずしも一義的に確定されるものではなく，納税者間の公平，納税者の便宜，徴税費用の節減という見地から，あらかじめ定められた評価方式により，これを画一的に評価する方が合理的であるとして，右時価の具体的な算定については，国税庁長官が各国税局長あてに発した財産評価通達の定めに従い行われているところである。

②　評価通達が形式的にすべての納税者に適用されることによって，租税負担の実質的な公平をも実現することができるのであるから，特定の納税者あるいは特定の財産についてのみ評価通達に定める以外の方法によってその評

価を行うことは，そうした方法による評価額がそれ自体としては時価として許容できるものでも，租税平等主義の観点から原則として許されないというべきであるが，右の評価方法を画一的に適用するという形式的な平等を貫くことによって，かえって実質的な租税負担の公平を著しく害することが明らかであるなどの特別な事情がある場合には，評価通達に基づく評価方法によるべきではなく，別の合理的かつ妥当な評価方法によることが許されると解すべきである。

判断の要旨

元来，通達とは，上級行政機関がその内部的権限に基づき，下級行政機関及び職員に対して発する行政組織内部における命令の成文の形式のものをいうにすぎず，行政機関が通達によって法令の解釈等を公定し得る権限のないことは明らかであるから，通達それ自体を国民の権利義務を直接に定める一般的抽象的法規範，すなわち，法規であるということはできない。確かに，下級行政機関は通達に従って行政を執行しなければならず，これに従って行動することが通例であり，法令の解釈や取扱いの準則等に関する通達は，現にこれに従った取扱いがなされることが通例となるため，そうした取扱いがなされることによる影響は大きいものがあるというべきではある。しかしながら，下級行政機関の通達違反の行為もそれだけの理由では効力を否定されず，また，単に通達があるというだけでは，国民はこれに拘束されないし，裁判所は，通達に示された法令の解釈に拘束されず，通達に定める取扱準則等が法令の趣旨に反していれば，独自にその違法を判断できるものというべきであって，通達による実務的な取扱いの影響が大きいことをもって，通達それ自体に法規としての効力を認めることはできないものといわなければならない。もとより，評価通達に従った画一的取扱いがなされている場合に，これと異なった取扱いをすることが違法となる場合があり得ることは前記のとおりであるが，これはそうした取扱いが租税法の基本原則である租税平等主義に違反することによるものであり，評価通達が法規としての効力を有することによるものでないことは明らかである。したがって，納税者らの主張するように，評価通達が公表され，同通達の定める方法によって申告が行われ，納税者又は税理士等が評価通達によって評価されることについて何らかの確信をもっていたとしても，そのことによって，直ちに評価通達が法規としての効力を有するものとはいえないことは明らかであるし，また，そうした納税者等の確信ないし信頼等の保護という点を考慮するとしても，本件に関していえば，要するに，実質的な租税負担の公平に反するような方法で租税負担の軽減ないし回避を享受し得る利益をいうにすぎず，そのような利益が法的に保護されるに値するものともいえないというべきである。

CASE 26

取引相場のない株式に関する評価通達の趣旨

[取引相場のない株式／額面金額で評価できるか]

（参考）
仙台地方裁判所　昭和59年（行ウ）第7号　H3.11.12判決　TKC22005621／TAINS Z187-6805

額面金額で譲り受けた取引相場のない株式を類似業種比準方式で評価することの合理性について判示した事例であり，いわゆるみなし贈与課税をされたものである。本事案は，取引相場のない株式の評価方法であるが，留意すべきことは，いわゆるみなし贈与の問題である。評価額の是非は別にして，累積債務のある赤字会社ならともかく，通常，額面価額をもって株式の評価額とすることは実務上，極めて危険であることを示した判決である。

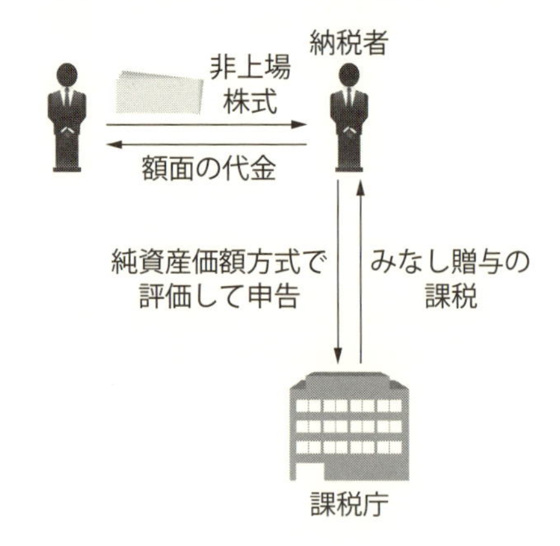

納税者の主張

相続税法7条は，相続税の賦課，納付を回避するために生前に低額で財産の譲渡を受けたり遺贈を受けたりする租税回避行為に対する課税を目的とするものであるが，納税者は，従業員持株制度を設けているM社の代表取締役であった当時，本件株式を退職した従業員から取得し，次に株式を保有させるべき従業員が決まるまでの間一時的に保有していたにすぎず，本件株式の取得によって利益を得る目的をなんら有していなかったのであるから，本件株式の取得について相続税法7条の規定の適用はない。

相続税法7条にいう「著しく低い価額の対価」に該当するか否かの判断に当たっては，当該財産の譲渡の事情をも考慮する必要があるが，本件株式の取得は，M社の従業員持株制度による売戻条件の履行として約定どおりの価額，すなわち1株につき50円で譲り受けたもので，正常な売買であり，その売買価額も当事者間の自由意思によって合意された正常な取引価格そのものであるから，「著しく低い価格の対価」による取得には当たらない。

課税庁は，本件株式の時価を定めるに当たり，評価通達により，まず，類似業種比準方式により評価し，ついで，純資産価額方式により評価し，結局後者をもって時価としたが，このような評価方法には，次のような問題があり，右評価額は本件株式の適正な評価とはいえず，これをもって，相続税法7条，22条等に規定された時価ということはできない。

この価額は，同種事業，同程度の規模・内容の上場企業の株価と比較しても，あまりに高い評価額である。また，M社の事業の地域的範囲は，本社のあるI市とその周辺に限られ，その地域性を無視できないから，本件株式の評価に当たっても，その地域性を加味すべきであるのに，これを考慮していない点でも不当である。さらに，本件株式には取引相場というものがないばかりか，本件株式には譲渡制限があり，流通性はほとんどないし，これまでは例外なく額面額で取引されてきており，右評価額で本件株式を換価することは不可能である。また，同一会社の株式について，同族株主か否かにより異なる評価方法をとることは，法の下の平等に反する。

類似業種比準方式には，取引相場のない株式を上場株式という基本的に属性の異なる株式の価額に比準させることには方法上根本的な無理があり，評価通達が評価額に70パーセントを乗じるという安全係数的なものを導入せざるを得ないところにこの評価方法の妥当性の問題点がある。また，類似業種比準方式においては，配当，利益及び純資産額を比準要素としているが，市場における株価は，業界の動向，市場占有率，競争力，経営の質，将来の発展性，流動性などによっても決定されるものであるのに，これらの要素は全く反映されていない。さらに，標本会社の選択においても，資産の構成，収益の状況，資本金額，事業規模等の類似性が考慮されていない。

純資産価額方式は，会社解散時における純資産の処分価値を想定し，それを基準として１株当たりの評価を行うものであるが，株式会社においては社員の退社ということは法律上認められておらず，会社の解散も容易には行われないのであるから，この方式にはその前提に問題がある。また，株主が会社財産を株主個人の財産と同様に自由に処分し換金できるという考え方に立脚している点でも，問題がある。

課税庁の主張

納税者は，Ｍ社の株式をそれぞれその額面金額である１株当たり 50 円で譲り受けた。この譲受価額は，評価通達に基づいて評価算定された価額に比べ著しく低いため，相続税法７条の規定する場合（贈与又は遺贈により取得したものとみなす場合）に該当し，譲り受けた株式の時価とその譲受価額との差額については，当該譲渡時において右各譲渡人から贈与されたものとみなされ，贈与税が課税されるべきものであった。

評価通達（昭和 39 年４月 25 日付直資 56 直審（資）17・昭和 56 年９月 29 日付一部改正前のもの）によれば，本件株式は，上場株式及び気配相場のある株式のいずれにも該当しないので，取引相場のない株式として評価されることになる。そして，昭和 55 年分及びに昭和 56 年分については，Ｍ社は「大会社」に該当し，かつ，納税者は「同族株主」に該当する。したがって，本件株式は，原則的には類似業種比準方式により評価されるべきであり，ただ，その価額が純資産価額方式によって評価した価額を超える場合には，純資産価額方式による価額を採用することもできることになる。

純資産価額方式は，個人企業における相続税の課税価額の計算方法に準じて，評価会社の財務内容を基として１株当たりの評価額を計算する方式であり，これによって，本件株式を評価すると，昭和55年分・昭和56年分のいずれについても，純資産価額方式によって評価した場合の方が類似業種比準方式によって評価した場合を下回るので，本件株式の評価は，純資産価額方式によるのが相当である。

判断の要旨

①　類似業種比準方式は，類似業種上場会社の最近３か月の月間平均株価の最低値又は前年平均株価を基にして，評価会社の類似業種会社に対する１株当たりの配当金額，年利益金額及び簿価純資産価額の各割合の平均値でこれを修正したものに，評価の安全率として70パーセントを乗じて評価する方式であり，評価会社の株式が上場されていた場合を想定し，その株価を推計するものである。

②　上場株式の価格は，収益率・配当額・純資産価値の変動といった企業内部の要因と，景気変動・金融情勢・経済政策・国際収支・外国為替の相場・国内政局・国際政局・株式市場の動向といった企業外部の要因とからなるものであるが，このうち企業外部の要因については非上場株式にも共通するものであるから，非上場株式の時価評価において，その株式と同様の企業外部の要因が反映された上場株式の価格を基準として，両者の企業内部の要因を比較対照して比準評価することは合理的であるといえる。そして，評価通達は，このような比較対照をするに当たり，業界の趨勢が類似するという点に着目し，これを日本標準産業分類における業界の類似性に求めることとし，その類似業種に属する上場会社の平均株価を基として，当該類似業種に属する標本会社の株価形成の要因となった計数を平均化した数値に評価会社の株価形成要因となった計数を比準させて比準株価を計算するものであり，特にかつて行われていたことのある類似会社比準方式の場合と比べた場合，簡便であるとともに，評価上の恣意性が排除され，評価の統一性・画一性・安定性が担保されるという長所がある。したがって，評価通達において採用され

ている類似業種比準方式には合理性があるということができる。

③　評価通達が課税の安全性を考慮し，70パーセントの安全率を設けている点について，納税者は，類似業種比準方式の妥当性を問題としているが，会社の競争的立場，会社の経営の質，会社の労務対策，会社の開発ないし発展など，配当及び純資産以外の株価構成要素ではあるが，計数化が困難であるため比準要素とすることができないものがあること，また，上場株式が市場性に富んでいるのに対して非上場株式は市場性に乏しいことなどを考慮すると，このような安全率を設けた結果，時価より低い価格で課税され利益を受ける者が生じることは避けがたいとしても，逆に時価より高い価額での課税を受ける者が生じることは通常は避けることができると考えられ，便宜的な措置であることは否定できないとしても，大量かつ反復して評価を行う必要のある課税事務の性格に照らせば，このような減額措置を講じているからといって，評価通達がその相当性を維持し得ることはあっても，不当性を帯びることにはならないというべきである。また，納税者は，評価通達が比準要素を配当，利益及び純資産額に限定している点をも問題にしているが，右3要素は株価形成の定型的主要因と考えられるうえ，計数化が困難である要素があることを考慮して前記のような減額を施していることに照らせば，この点も評価通達を合理性がないとする理由にはならない。

④　純資産価額方式は，個人企業における相続税の課税価額の計算方法に準じて，評価会社の財務内容を基として1株当たりの評価額を計算する方法であり，個人事業者と同規模の会社の株式もしくは閉鎖性の強い会社の株式で，株式の所有目的が投機や投資を目的としたものではなく，会社支配を目的として所有する株式に適合する評価方法ということができる。

納税者は，純資産価額方式は，会社の解散を前提とした評価方法である点及び株主が会社財産を株主個人の財産と同様に自由に処分し換金できるという考え方に立脚している点にこの方式の問題があると主張する。しかし，株式は会社財産に対する持分としての性格を有することからみれば，純資産価額方式は，株式の評価に対する基本的な方式であるということができ，特にこの点からいえば，支配株主の有する株式については，その最低限の価値を把握する方式として，適合性が高いということができる。なお，純資産価額方式は，納税者の主張するように，会社の解散を前提とするものではないことは明らかであり，納税者の右の批判は失当である。

⑤　納税者は，課税庁が評価通達に基づいて行った本件株式の評価額は，同種事業，同程度の規模，内容の上場企業の株価と比較しても，あまりに高いと主張する。しかし，株価は，発行会社の総利益，配当支払総額及び純資産価額の総額など当該会社の保有する企業全体の価値を当該会社の発行済株式の数に分割して表現したものであり，事業内容及び事業規模が同じで，かつ，収益力及び資産価値等株価形成要因の基となる会社全体の数値が全く同じである２つの会社があった場合，両者の発行済株式数が違えば１株当たりの株価が異なるのは当然のことであり，単に，課税庁のした本件株式の評価が上場会社の株価を上回るからといって，それだけで右評価が不当であるということにはならない。

CASE 27

取引相場のない株式の評価方法

[取引相場のない株式／同族株主の範囲]

(参考)
東京地方裁判所　平成７年（行ウ）第42号　H8.12.13判決　TKC28020869／TAINS Z221-7830
東京高等裁判所　平成８年（行コ）第169号　H10.3.30判決　TKC28042941／TAINS Z231-8131
最高裁判所第三小法廷　平成10年（行ツ）第191号　H11.2.23判決　TKC28042959／TAINS Z240-8349

相続財産に含まれる取引相場のない株式について，評価通達の定める評価方法の合理性が容認された事例である。相続財産における，いわゆる同族会社の株式は，いわば相続税対策の基本とされる。事業承継の目的はいうまでもないが，株価が高額な場合における納税資金の捻出は，相続人にとって頭の痛い問題である。本事案における納税者の主張の背景もそこにあるはずである。

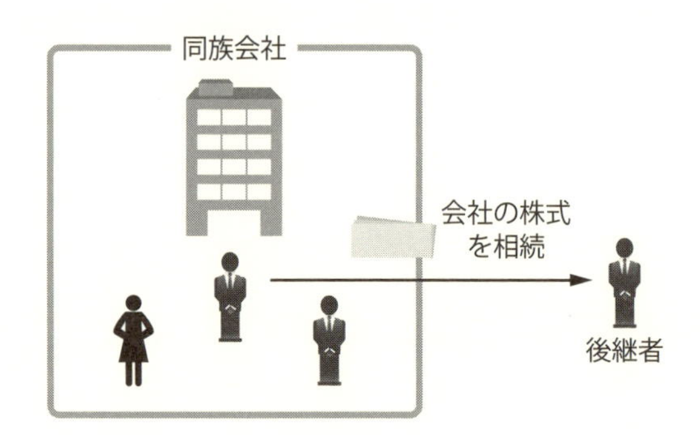

納税者の主張

①　評価通達の定める取引相場のない株式の評価のうち，同族株主とそれ以外の株主とを区別し，異なる評価方式によって評価すること自体を争うものではなく，同族株主の範囲の決め方に合理性がないと主張するものである。同族株主の有する株式がそれ以外の者の有する株式より高い評価を受ける理由は，同族株主以外の株主は会社から配当を受けること以外に経済的利益を

受けることを期待し得ないのに反し，同族株主は，同族の持株を結集することによって，自己・配偶者・親・子又は兄弟姉妹等の近親者が会社の役員となり，会社を支配し，高額の給与，賞与，退職金を受け取り，その他有形無形の利益を受け得るほか，自らの選択において会社を解散し，清算配当を受け得るという点にある。そうだとすると，株式評価上の同族の範囲については，共同して会社を支配し得る可能性の濃淡を基準として決めるのが妥当である。

②　評価通達 188 において同族関係者の範囲に六親等内の血族までも含めることには合理性がない。六親等の血族（これは従兄弟の子供同士に当たる。）に「血縁の力」を認めようとするのは，時代錯誤的な考え方である。法律の規定において，六親等内の血族を一括してこれに一定の制約を課す例は稀であり，各法律の立法趣旨に従い，六親等内の血族のうちの一定範囲の血族に対し制約を課す例がほとんどである（例えば，民法 730 条の互助義務は同居の親族，同法 877 条 2 項の扶養義務は三親等内の親族，民事訴訟法 280 条の証言拒絶権は四親等内の血族をそれぞれ対象としている。)。このことは，六親等内の血族を無批判に親族とすることに合理性がないことを示しているのであって，同族関係者の範囲については四親等内の血族とするのが合理的である。納税者は，被相続人の五親等の血族であるから，同人の同族関係者には該当しないというべきである。

③　評価通達 188（2）では，中心的な同族株主以外の同族株主で，取得後の保有株式が 5 パーセント以上の者については配当還元方式を適用しないとしているが，右 5 パーセント規制にはなんら合理的根拠はない。評価通達 188（1）によれば，甲及びその同族関係者（甲同族グループ）が 50 パーセント以上を保有する場合には，同族株主は甲同族グループとされる結果，乙同族グループが 49 パーセントの株式を保有する場合でも，乙同族グループの株主の有する株式には配当還元方式が適用されることになるのであって，評価通達の趣旨は，会社経営に参画し，これを支配できない株主の株式に対しては配当還元方式を適用するとしているのである。そうであれば，中心的

な同族株主以外の同族株主について保有割合規制が必要であるとしても，その割合は，会社に対する支配力の有無から決せられるべきであって，一律に5パーセントをもって規制することは不合理である。納税者は，訴外会社の経営に参画し，これを支配できない株主であるから，右5パーセント規制の適用を受けないというべきである。以上から，納税者が本件相続により取得した株式は，同族株主以外の株主等が取得した株式に該当するというべきであって，したがって，その評価は配当還元方式によるべきである。

課税庁の主張

① 訴外会社は株式保有特定会社に該当するから，その株式については純資産価額方式又はS1＋S2方式によって評価するのが原則である。

法人税法施行令4条1項1号の「親族」の定義，範囲に関しては，税法に特別の規定等を設けていないから，民法725条に定める六親等内の血族，配偶者及び三親等内の姻族をいうものと解するのが相当である。そうすると，納税者は，被相続人の五親等の血族であるから，同人の同族関係者に該当する。

② 納税者は，中心的な同族株主以外の同族株主であるが，本件相続による本件株式取得後の株式数は訴外会社の発行済株式数の5パーセント以上に該当する約7.40パーセントである。したがって，納税者が本件相続によって取得した本件株式は，「同族株主以外の株主等が取得した株式」の要件のいずれにも該当せず，特例的評価方式である配当還元方式によって評価することはできない。

判断の要旨

① 評価通達188（2）の規定は，同族株主の中でも，まさに血縁の力の認められる範囲の者の持株割合から中心的な同族株主を認定し，この中心的な同族株主以外の同族株主のうち，取得後の持株割合が5パーセント未満の者の取得する株式については，「同族株主以外の株主等の取得する株式」と

して，特例的評価方式である配当還元方式を採用しようとするものである。すなわち，評価通達は，同族株主でも親等の遠い者については血縁の力が弱まることを当然の前提として，近親者の持株数の合算により中心的な同族株主を定め，他方，持株割合が会社経営への影響力の一つの徴表であることから，中心的な同族株主以外の同族株主のうち，持株割合が５パーセント以上となる者が取得する株式については，特例を適用しないこととしたものである。

②　証拠によれば，特例的評価方式の適用について，株式取得後の持株割合が５パーセント未満という基準を設定した根拠には，会社経営者からみて親族関係が薄いと考えられる四親等以下の血族の持株割合が１人当たり５パーセント程度であるという実態調査の結果があることが認められ，右基準の合理性を一応肯定できるというべきである。また，個別的には５パーセントという区分基準が合理性を欠く場合があるとしても，一般的基準を定立した場合にその基準の内外で差が生じ，僅差で基準の内外に分かれた事例において不平等感が残ることはやむを得ないものというべきであって，その故に区分の基準となる持株割合を７パーセントあるいは10パーセントとすれば合理的であるとする根拠はないのである。

③　これに対し，納税者は，その基準は，会社に対する支配力の有無から決せられるべきであって，一律に５パーセントをもって配当還元方式の適用を制限することは不合理であると主張する。たしかに，複数の同族グループの一つが株式の過半数を有し，経営支配力の差が明らかである場合には，持株割合が過半となる同族グループの株主のみが同族株主となり，他の同族グループの取得株式は持株割合にかかわらず配当還元方式によって評価されることは原告の指摘するところであり（評価通達188（1）），類似の事態は，同一の同族グループ内において複数のグループが存在するときにも想定できるところであるから，持株割合５パーセントをもって同族グループ内における配当還元方式の採用を画する基準とするときは，右指摘の場合との均衡を欠く結果となることもあり得るところである。しかし，同一の同族グルー

プ内における支配グループとその余のグループの形成は，二親等の血族といった近親者間にも生じ得るものであり，ときには近親者間の個人的関係によってグループが形成されることも考えれば，右のグループを親等の距離によって客観的に確定することは困難であり，近親者間の個人的関係に起因することもあり得る会社経営への影響力の優劣を株式評価に反映させることはかえって評価をあいまいなものとすることになるのである。そして，既に説示したとおり，持株割合５パーセントをもって区分することは一般的な合理性を有するものということができ，純資産価額方式も株式の資産価値の評価方法としての合理性を有すると解されるから，右通達の取扱いが個別的に不当となるというためには，右基準によった場合の評価額が「時価」を超え，これをもって財産の価格とすることが法の趣旨に背馳するといった特段の事情が存することの立証が必要というべきである。

CASE

28 評価通達を適用しない取引相場のない株式の評価

[取引相場のない株式／課税庁が評価通達を適用せずに評価した場合]

（参考）
東京地方裁判所　平成9年（行ウ）第232号　H11.3.25判決　TKC28050892／TAINS Z241-8368
東京高等裁判所　平成11年（行コ）第104号　H12.9.28判決　TKC28091374／TAINS Z248-8734

相続財産に含まれる取引相場のない株式を評価通達を適用しないで評価した点において処分に違法はないと判示した事例である。本事案の株式は，投資顧問会社の株式であり，同社の代表者が保証人となり，また同社のグループ会社が仲介をした形式で金融機関から多額の融資を受けるなど，関係者の利益が複雑に絡まる株式の評価である。判決によれば，この投資顧問会社グループの代表者は税理士であり，投資効果の他に当然，節税対策を標榜していたと推察できるが，結果として納税者が被ったのは損害といえるだろう。

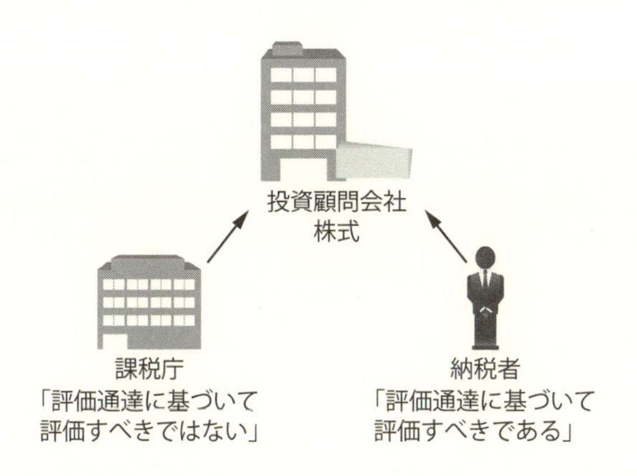

納税者の主張

①　取引相場のない株式については，不特定多数の者の間の自由な取引によって成立する時価（客観的時価）は存在しないから，評価通達による評価

額と客観的時価との乖離が著しいということはあり得ない。したがって，取引相場のない株式については，評価通達に定められた評価方式を形式的に適用すると実質的な租税負担の公平を著しく害するという「特別な事情」を認める前提が欠けているから，本件株式の評価に当たっては評価通達に従って，配当還元方式により評価すべきである。

② 仮に本件株式について，配当還元方式による評価が認められない場合でも，本件会社は，評価通達 189（1）に規定する株式保有特定会社に該当するから，評価通達 189–2 に従って株式の価額を計算するべきであり，その場合に，本件会社の平成 5 年 10 月 31 日現在の資産，負債及び資本に基づいて算出される本件株式の 1 株当たりの価額は，4,852 円である（なお，同価額に基づき原告らの課税価格，納付すべき税額を算出した過程は別紙（4）のとおりである。)。

評価通達 6 は，財産を評価通達の定めによらないで時価で評価するための要件として，「評価通達の定めによって評価することが著しく不適当と認められる財産」という実質的要件と，「国税庁長官の指示を受け」るという手続的要件とを定めている。仮に，本件株式が，評価通達の定めにより評価することが著しく不適当と認められる財産であるとしても，本件各処分は，右手続的要件を満たさずにされた点で，評価通達 6 に反し，通達によって確保しようとした行政作用の統一，国民間の平等，行政作用に関する国民の予測可能性などの法益を害するものである。

課税庁主張

評価通達に定められた評価方式を形式的に適用するとかえって実質的な租税負担の公平を著しく害するなど，右評価方式によらないことが正当と是認されるような特別の事情がある場合には，他の合理的な方式により評価することが許される（評価通達 6 参照)。

本件株式について，評価通達を適用して，配当還元方式による評価をすべきでない理由は以下のとおりである。

①　配当還元方式は，取引相場のない株式について，株式が上場されるか否か及び会社経営等について小株主及び零細株主（以下「小株主等」という。）の意向はほとんど反映されず，会社の経営内容，業績等の状況が小株主等の有する株式の価額に反映されないこと等から，小株主等が株式を所有する実益を配当金の取得にあると認め，特例として認められた簡便な評価方式にすぎない。

ところで，平成5年6月29日における被相続人の本件株式の1株当たりの引受価格1万7,115円は，本件会社の同年5月末現在における資産，負債に基づき純資産価額方式に基づいて計算した金額であり，また，被相続人が死亡した日の翌日である同年11月25日に行われた別件発行における1株当たりの引受価格は，本件会社の同年10月末現在における資産，負債に基づき純資産価額方式に基づいて計算した金額である1万7,223円であったことからすれば，本件相続開始日における本件株式の価額は，別件発行における引受価格である1万7,223円である。

②　被相続人が本件株式を取得したのは，以下に述べるように，経済的合理性のない不自然な取引によってであり，本件株式を配当還元方式で評価することによって相続税を軽減することを意図したものであると認められるところ，このような場合に評価通達を形式的に適用すると，そのような方法をとらなかった者との間で実質的な平等を欠く。

(i)　本件会社の代表者AはC銀行を被相続人に紹介し，被相続人らがC銀行に差し入れた念書及び合意書に署名し，被相続人が紹介料として約8,300万円をAが代表者を務めるコンサルタント会社であるB社に支払い，被相続人のために本件会社がC銀行に対して有する24億3,000万円の定期預金に質権を設定している等，被相続人のC銀行からの融資に関してAが深く関与していることは明らかであること。

(ii)　被相続人は本件株式を取得するに際しB社に約8,300万円もの紹介料を支払っているが，期間を2年間とし，返済資金の大部分を本件株式の売却益によるとして融資を受けた本件借入金の利息として，被相続人が支払った金員の合計額は約2億6,000万円にものぼり，他方この間に本件会社から受領した本件株式に係る配当金はその約3パーセントである約820万円にすぎないことからして，被相続人が本件株式を取得する経済的利益は，相続税の軽減を図ること以外にないこと。

(iii) 納税者らは，被相続人のC銀行に対する約27億円もの多額の債務について連帯保証しており，納税者らも本件株式の引受けに強い利害関係を有していたと解されること。

(iv) 本件株式を配当還元方式で評価し本件借入金等を相続債務として控除した場合の相続税額は約3億円であるのに対し，被相続人が本件株式を取得しなかった場合の相続税額は約21億円となり，約17億円もの差が生じること。

判断の要旨

① 相続により取得した財産の価額は，特別の定めがあるものを除き，当該財産の取得の時における時価により評価されるが（相法22），右「時価」とは，相続開始時における当該財産の客観的な交換価値，すなわち，それぞれの財産の現況に応じ，不特定多数の当事者間において自由な取引が行われる場合に通常成立すると認められる価格をいうと解すべきである。

② すべての財産の客観的な交換価値が必ずしも一義的に確定されるものではないから，納税者間の公平，納税者の便宜，徴税費用の節減という見地に立って，合理性を有する評価方法により画一的に相続財産を評価することも，当該評価による価額が相続税法22条に規定する時価を超えない限り，適法ということができる。その反面，いったん画一的に適用すべき評価方法を定めた場合には，納税者間の公平及び納税者の信頼保護の見地から，評価通達に定める方法が合理性を有する場合には，評価通達によらないことが正当として是認され得るような特別な事情がある場合を除き，評価通達に基づき評価することが相当である。しかしながら，評価通達に定められた評価方法によるべきとする趣旨が右のようなものであることからすれば，評価通達に定

められた評価方式を形式的に適用するとかえって実質的な租税負担の公平を著しく害するなど，右評価方式によらないことが正当と是認されるような特別の事情がある場合には，他の合理的な方式により評価することが許されると解される。

③ 本件株式のように取引相場のない株式にあっては，そもそも自由な取引市場に投入されておらず，自由な取引を前提とする客観的価格を直接把握することが困難であるから，当該株式が化体する純資産価額，同種の株式の価額あるいは当該株式を保有することによって得ることができる経済的利益等の価額形成要素を勘案して，当該株式を処分した場合に実現されることが確実と見込まれる金額，すなわち，仮に自由な取引市場があった場合に実現されるであろう価額を合理的方法により算出すべきものということになる。

そして，いわゆる同族会社においては，株式が上場されるか否か及び会社経営等について同族株主以外の株主の意向はほとんど反映されないこと，会社の経営内容，業績等の状況が同族株主以外の株主の有する株式の価額に反映されないこと等からすれば，これらの株主が株式を所有する実益は，配当金の取得にあるということができる。そうすると，評価通達が，同族株主以外の株主が保有する取引相場のない株式の価額を，配当還元方式により評価することとしたことは合理性を有するということができる。

④ 取引相場のない株式の相続税法22条に規定する時価は，当該株式を処分した場合に実現されることが確実と見込まれる金額ということができるところ，本件株式については，同族株主以外の株主がその売却を希望する場合には，純資産価額による価額での買取りが保障されており，現に，本件相続開始の日の翌日においては，かかる価額が実現されていたのであるから，本件相続開始日（平成5年11月24日）において，本件株式を処分した場合に実現されることが確実と見込まれる金額は，同年前月末現在における本件株式につき純資産価額方式により計算された金額である別件発行における引受価格と同額の1株当たり1万7,223円であると認められ，本件株式の時価も同額と認めることができる。

⑤　評価通達が，同族株主以外の株主の有する取引相場のない株式の評価に際して配当還元方式を採用しているのは，通常，少数株主が株式を保有する経済的実益は主として配当金の取得にあることを考慮したものであるところ，本件株式については，同族株主以外の株主がその売却を希望する場合には，時価による価額の実現が保障されており，本件株式に対する配当の額と比較して本件株式を売却する場合に保障される売却代金（時価）が著しく高額であることからすると，本件株式を保有する経済的実益は，配当金の取得にあるのではなく，将来純資産価額相当額の売却金を取得する点に主眼があると認められる。そうすると，同族株主以外の株主の保有する株式の評価について配当還元方式を採用する評価通達の趣旨は，本件株式には当てはまらないというべきである。

また，本件株式を配当還元方式で評価し本件借入金等を相続債務として控除した場合の相続税額は約３億円となるのに対し，本件株式が取得されなかった場合の相続税額は約21億円となり，約17億円もの税額差が生じることからすれば，形式的に評価通達を適用することによって，かえって実質的な公平を著しく欠く結果になると認められる。

また，本件株式の評価を評価通達に従い配当還元方式で行うことによって，相続税の軽減を図るために本件株式を取得したものと認められるところ，右のように租税負担の実質的な公平を著しく害してまで，相続税回避という意図を保護すべき理由はない。以上によれば，本件株式を評価通達を適用しないで評価した点において本件各処分に違法はない。

⑥　納税者らは，本件各処分は，財産を評価通達の定めによらないで時価で価するためには国税庁長官の指示を受けるべきことを定める評価通達６に違反すると主張する。

右の納税者らの主張の趣旨が，評価通達６の規定に従わなかったこと自体をもって平等原則違反を主張するものであるとすれば，評価通達６の規定は，その規定の仕方からして，国民と行政機関の関係について平等原則の観点から行政機関の権限の行使を制限する目的で定められた規定でなく，行政組織内部における機関相互の指示，監督に関して定めた規定であることは明らかであって，評価通達６に違反することから直ちに国民の権利，利益に影響が生じるものではないから，納税者らの右主張は，自己の利害に直接関係のない主張というべきである。また，評価通達６に行政作用の統一，行政作用に関する国民の予測可能性の確保という目的があることを考慮しても，右の理が変わるものではない。

CASE 29

取式相場のない株式の評価と評価通達の関係

[取引相場のない株式／客観的交換価値の金額]

(参考)
東京地方裁判所　平成12年（行ウ）第90号　H16.3.2 判決　TKC28092286／TAINS Z254-9583
東京高等裁判所　平成16年（行コ）第123号　H17.1.19 判決　TKC28110430／TAINS Z255-9900

取引相場のない株式の評価と通達との関係が争点となった事例である。被相続人が保有し，同人が代表者を務めていた株式会社の株式を有限会社設立の際に時価を下回る低額で現物出資して出資口を取得し，その後，同有限会社の出資口の52パーセント相当を同株式会社の取引先に売却した後，その8日後に同被相続人が死亡したために発生した相続における同株式会社の株式評価が争点となった。

相続財産の評価は，通常，相続開始時の不特定多数の間で成立する客観的交換価値という時価の価額とされるが，取引相場のない株式は，上場株式と異なり客観的交換価値の算定が難しいことは否めない。便宜的に評価通達が定める手法が容認されるが，とくに取引相場のない株式が相続財産の多くを占める場合には，いわば引き取り手のない財産として，納税者が不本意となるケースも少なくない。

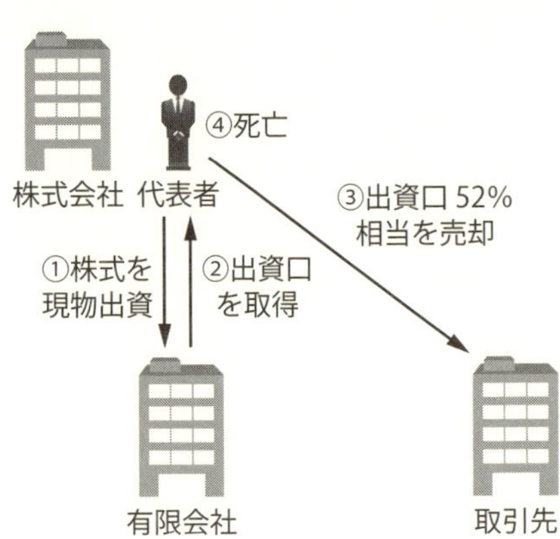

納税者の主張

①　本件有限会社の保有するK株式会社の株式の評価方法は，本件有限会社がK株式会社の同族株主である場合には，評価通達にいう原則的評価方法である類似業種比準方式で評価することになるが，本件有限会社がK株式会社の同族株主でない場合には，例外的評価方法である配当還元方式で評価すべきこととなる（評価通達188，188-2）。

②　評価通達によれば，本件有限会社がK株式会社の同族株主といえるためには，K株式会社の同族株主であるQ合名会社，R，原告A及びこれらと同族関係のある個人又は会社が本件有限会社の50パーセント以上の出資を保有していなければならない（評価通達188）。ところが，K株式会社の同族株主が保有する本件有限会社の出資は48パーセントにすぎない。したがって，本件有限会社は，K株式会社の同族株主でないことになるから，本件有限会社の保有するK株式会社の株式の価額の評価方法は，配当還元方式によることになる。

課税庁の主張

①　本件有限会社が保有するK株式会社の株式200万株は，形式的には評価通達188の定めに該当して配当還元方式によって評価することになるとしても，実質的には，本件有限会社に対する納税者らの支配関係が存在していることから，本件有限会社は，K株式会社の同族株主である納税者らとの関係において特殊関係のある同族関係者であるので，K株式会社の同族株主と認めるのが相当であり，加えて，他の納税者との相続税負担の公平を確保するとの見地から，評価通達による評価方法を画一的に適用して評価することは，極めて不適当なものであるといわざるを得ない。

②　大会社の株式の例外的評価方法である配当還元方式は採用できないから，本件有限会社が保有するK株式会社の株式200万株の評価方法は，評価通達178，179により，大会社の株式の価格の原則的評価方法である類似業種比準方式によるべきである。

③　仮に，評価通達を離れたとしても，同株式の評価に当たっては，類似業種比準方式によるべきである。すなわち，相続税法22条は，「この章で特別の定めのあるものを除く外，相続，遺贈又は贈与により取得した財産の価額は，当該財産の取得の時における時価によ」ると規定するところ，同条にいう時価とは，当該財産の客観的交換価値，すなわち，それぞれの財産の現況に応じ，不特定多数の当事者間で自由な取引が行われるとした場合に通常成立すると認められる価額をいうものと解される。

④　取引相場のない株式の場合は，市場価格が存在しないため，どのような間接事実に基づいて客観的交換価値を推認するのが最も合理的であるかが問題となるのであり，類似業種比準方式，純資産価額方式，配当還元方式，収益還元方式などは，いわば客観的交換価値を推認するに当たって準拠すべき間接事実の選択方式ということができる。

⑤　納税者らは，K株式会社の株式の取引事例の有無についての検討をしていない評価書をもとに，配当還元方式によるのが妥当としているようであるが，類似業種比準方式により算定された価額によって取引されたものと推認できるK株式会社の株式の取引事例は多くあるのであり，そもそも，同人らによる本件有限会社の支配の事実を誤認し，かつ，かかる取引事例について考慮していない前記評価書には合理性が欠ける。また，収益還元方式も資本還元率の設定如何でその価額が大きく異なるものとなるので，採用されるべきではない。

判断の要旨

①　評価通達は，非上場株式の評価方法について，その178，179において，評価会社の規模に応じて場合分けし，評価会社が大会社の場合においては，それが上場会社や気配相場等のある株式の発行会社に匹敵するような規模の会社であることにかんがみ，その株式が通常取引されるとすれば上場株式や気配相場等のある株式の取引価格に準じた価額が付されることが想定されることから，原則として，現実に流通市場において価格形成が行われている株

式の価額に比準して評価する類似業種比準方式（株価形成要素のうち基本的かつ直接的なもので計数化可能な1株当たりの配当金額，年利益金額及び純資産価額（帳簿価額によって計算した金額）の3要素につき，評価会社のそれらと，当該会社と事業内容が類似する業種目に属する上場会社のそれらの平均値とを比較のうえ，上場会社の株価に比準して評価会社の1株当たりの価額を算定する方法）により評価するものとしている。このような類似業種比準方式による株式評価は，評価通達上，非上場株式についての原則的な評価方法であり，現実に取引が行われている上場会社の株価に比準した株式の評価額が得られる点において合理的な手法といえ，非上場株式の算定手法として最も適切な評価方法であるといえる。

② 評価通達188-2は，このような原則的な評価手法の例外として，「同族株主以外の株主等」（評価通達188）が取得した大会社の株式については，配当還元方式によって評価することを定めている。当該通達の趣旨は，通常，いわゆる同族会社においては，会社経営等について同族株主以外の株主の意向はほとんど反映されずに事業への影響力をもたないことから，その株式を保有する株主のもつ経済的実質が，当面は配当を受領するという期待以外に存しないということを考慮するものということができる。そして，客観的に当該会社への支配力を備えているものか否かという点で当該株式の評価額に差異が生じることには合理性があるといえるから，当該通達は，こうした趣旨において合理的な株式の評価方法を定めるものと認められる。

③ 原則的にいえば，少数株主といえども少数株主権等の共益権的側面を有し，さらに各種の株式買取請求における価格決定手続が定められ（商法245の3，349，408の3等），たとえ譲渡制限株式であっても譲渡承認請求に次ぐ売買価格の決定等の手続（商法204の2ないし204の5）において客観的時価をもって換価する方策もないわけではないのであるから，標本会社と評価会社との間に事業内容，会社の規模，収益の状況等に類似性がある限りにおいて，このような場合であっても類似業種比準方式による評価に本来的な通用性を見出すことは不可能ではないといい得るものの，当該通達は，

同族株主以外の株主等が取得した取引相場のない株式は，その多くの場合が当面の期待を配当に置いているにすぎないという経済的実質をとらえて，配当以外の株式の機能を捨象して相続税評価額を算出することを認めた例外的な算定方法とみられるのであり，この点で合理性が認められるのである。このことは，評価通達 188–2 において，配当還元方式により株式の価額を算定した場合に，評価通達上の原則的評価方法である類似業種比準方式（評価会社が大会社の場合。評価通達 179）により算定した価額を超える場合には，当該原則的評価方法で算定した価額により評価することとされていることからも明らかである。

④　評価通達188（1）においては，同族株主は，その評価会社の株主のうち，株主の 1 人及びその同族関係者の有する株式の合計数が最も多いグループの有する株式の合計数が，その会社の発行済株式数の 50 パーセント以上でない場合には，課税時期における評価会社の株主のうち，株主の 1 人及びその同族関係者の有する株式の合計数がその会社の発行済株式数の 30 パーセント以上である場合におけるその株式及びその同族関係者をいうものと規定され，株主及びその同族関係者の有する株式が 50 パーセントに満たず，それのみでは確定的な支配権を有しない場合であっても，その有する株式の評価方法は類似業種比準方式によることとされているのであり，また，188（3），178，179 においては，同族株主のいない会社であれば，株主の 1 人及びその同族関係者の有する株式の合計数が，その会社の発行済株式数の 15 パーセント以上であれば，類似業種比準方式によることとされているのであって，50 パーセントに満たないから会社に対する確定的な支配がなく，その株式の評価方法は配当還元方式とされるといった解釈がなされているわけではない。そして，前述のとおり，非上場会社の株式の原則的な評価方法は類似業種比準方式であって，この手法は広く通用力を有する合理的な評価方法であると認められるところ，評価通達 188–2 は，会社に対する支配力をもたない株式の経済的実質を前提として例外的な評価方法である配当還元方式を採用すべきものとしているにすぎないのであるから，納税者らの主張

は当を得ないものといわざるを得ない。

CASE

30

株式保有特定会社の評価

［取引相場のない株式／株式保有割合が25パーセント以上の会社］

（参考）
東京地方裁判所　平成21年（行ウ）第28号　H24.3.2判決　TKC25481239
東京高等裁判所　平成24年（行コ）第124号　H25.2.28判決　TKC25500443

評価通達の定めのうち，大会社につき株式保有割合が25パーセント以上である評価会社を一律に株式保有特定会社として，その株式の価額を評価することの合理性について判断された事例である。

評価対象となったのは，相続財産中のA社及びB社の各株式である。

A社は，昭和23年に設立された合成樹脂及び金属等による容器・キャップ・医療用具・医薬部外品等の製造及び販売等を目的とする資本金の額が4億3,200万円の株式会社である。本件相続の開始の日の直前期末である平成15年5月31日の時点における同社の総資産価額（帳簿価格）は2,120億7,668万565円，従業員数は5,291名であり，当該直前期末以前1年間である平成14年6月1日から平成15年5月31日までの事業年度における同社の取引金額は1,882億1万637円であって，同社は大会社に当たる。

B社は，昭和41年に設立された不動産の取得及び管理等を目的とする資本金の額が9億9,000万円の株式会社である。本件相続の開始の日の直前期末である平成15年2月28日の時点における同社の総資産価額（帳簿価格）は98億2,222万8,821円，従業員数は5名以下であり，当該直前期末以前1年間である平成14年3月1日から平成15年2月28日までの事業年度における同社の取引金額は3億6,845万2,448円であって，同社は中会社に当たる。

本件相続の開始の時点（平成16年2月28日）において，A社は，B社の発行済株式総数198万株のうち165万9,240株（発行済株式総数の83.8パーセント）を有しており，また，B社は，A社の発行済株式総数864万株のうち645万3,400株（発行済株式総数の約74.7パーセント）を有していたものである。なお，A社の株式及びB社の株式は，いずれも取引相場のない株式に当たるところ，本件相続の開始の時点におけるA社株式の価額を大会社についての原則的評価方式である類似業種比準方式を用いて評価すると，1株当たり4,553円となる。本件相続財産には，A社株式64万5,400株及びB社株式17万8,200株が含まれている。

裁判所は，基準値を法人企業統計に基づき算定する方法についてはその意義を容認しているが，統計数値の変動に準拠せず一律に評価する現状について問題提起していることは注目される。

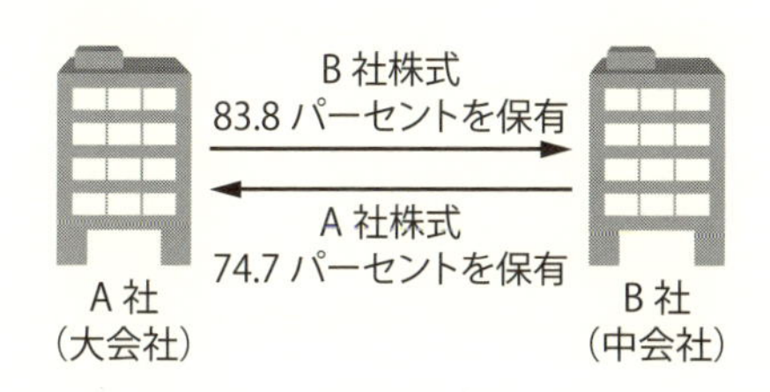

納税者の主張

①　大会社の株式については類似業種比準方式をもって評価するのが原則ではあるが，株式を保有させる目的で用意した持株会社に保有株式を譲渡して，その譲渡された株式の時価が持株会社の株式の評価額に反映されないような状態を作出することによる節税ないし租税回避行為に対応するため，そのような持株会社の株式について，類似業種比準方式ではなく，純資産価額方式又は純資産価額方式を加味した評価方式を用いることは合理的であり，その意味では，株式保有特定会社の株式について特別の評価方式が設けられていること自体には合理性がある。しかし，資産中に占める土地等の割合が70パーセント以上（土地等以外の資産の割合が30パーセント以下という非常に低い割合）となっている会社のみを土地保有特定会社とする評価通達189の（3）に定める土地保有特定会社に関する基準とは異なり，大会社につき

株式保有割合が25パーセントで株式等以外の資産の割合が75パーセントと相当高い割合となっている会社をも一律に株式保有特定会社とする同通達189の（2）の定める基準は，合理性に欠ける。すなわち，そのような基準では，被告の主張するように，平均的な会社における株式等以外の資産の割合が80パーセント台であったとしても，それが75パーセントへと平均的な会社のそれから多少低下するだけで，株式保有特定会社に該当することになってしまい，問題であるし，類似業種比準方式において標本会社とされる会社には，株式保有割合が100パーセントに近い持株会社も含まれており，形式的に株式保有割合が高い持株会社であることのみをもって，類似業種比準方式による評価という原則から逸脱する合理性はない。節税ないし租税回避行為としての要素が現に存在するか，少なくともそのような要素の存在が明らかに推認できるような状況において初めて，株式保有特定会社の株式としての特別の評価方式を用いることに合理性があるというべきである。
②　課税庁が評価通達189の（2）に定める基準の合理性の根拠として掲げる法人企業統計に基づく数値でも，有価証券が総資産に占める割合は，本件相続が生じた平成15年度において17.39パーセントであり，25パーセントから大きく離れた数値とはいえない。しかも，かかる法人企業統計に基づく数値は，簿価に基づく数値であって，一般的な企業における時価による株式保有割合が10パーセント台であることについては何も裏付けがないところ，時価と簿価は乖離していることが一般的であるし，かかる時価と簿価の乖離が非常に大きなものとなっていることもよくあることである（A社も，簿価によれば株式保有割合は約3.6パーセントである。）。課税庁は，あたかも納税者らの側で一般的な企業における時価による株式保有割合が25パーセント以上であることを示す必要があるかのように主張するが，株式保有割合25パーセント以上という基準の合理性については，そのような基準を定立した課税庁側においてその裏付けを示すべきである。

課税庁の主張

①　評価通達189の（2）において株式保有特定会社に該当する基準が大会社につき株式保有割合25パーセントと定められている根拠につき，大会社に属する会社の株式保有割合の実態を調査したうえで，その平均的な保有割合の倍くらいの数値として25パーセントの基準を設定した旨，制定趣旨が述べられている。

これを法人企業統計の数字で実際に確認してみると，平成元年度（調査期間は平成元年4月1日～平成2年3月31日）では，資本金10億円以上の金融業及び保険業を除くすべての業種の営利法人（本邦に本店を有する合名会社，合資会社，合同会社及び株式会社をいう。）全数について，流動性資産の「有価証券」（売買目的有価証券及び1年内に満期の到来する有価証券等をいう。）と固定資産の「投資有価証券」（関係会社株式等が投資有価証券に区分される。）を合計した有価証券の全資産（ただし，評価通達により純資産価額を計算する際，「繰延資産」は資産に計上していないことから，当該計算においても控除。以下同じ。）に占める割合は11.78パーセントであり，固定資産の「投資有価証券」のみが総資産に占める割合は7.38パーセントである。また，評価通達改正年の平成2年度（調査期間は平成2年4月1日から平成3年3月31日）の上記営利法人における，有価証券が総資産に占める割合は12.30パーセントであり，固定資産の「投資有価証券」のみが総資産に占める割合は7.88パーセントであって，上記の25パーセントという基準の根拠とされた数値と整合している。

なお，これを相続開始日である平成15年2月28日を含む平成15年度（調査期間は平成15年4月1日～平成16年3月31日）について確認すると，上記営利法人において，有価証券が総資産に占める割合は17.39パーセントであり，固定資産の「投資有価証券」のみが総資産に占める割合は16.31パーセントであるから，上記通達改正当時の数値に比し，資本金10億円以上の法人における株式保有割合は上昇している。この理由としては，〔1〕平成9年の私的独占の禁止及び公正取引の確保に関する法律（以下「独占禁止法」）の改正により，持株会社の規制が解かれたことや，〔2〕当該持株会社が解禁されたことを契機として，企業の組織再編に必要な商法等の整備が進められたことなどが挙げられるが，当該数値は，評価通達189の（2）に定める25パーセントの基準に比し，なお低い水準であって，平成15年度の法人企業統計に表れた株式保有割合の数値が，平成2年の評価通達改正時における平成元年度及び同2年度の各数値よりも高いことをもって，上記評価通達189の（2）が定める基準が直ちにその合理性を失うものではない。また，評価通達189-3に定めるS1＋S2方式については，株式保有特定会社においても実際に事業を行っていることが評価額に反映されるようにするために，本来の事業に係る部分については類似業種比準方式により評価することを認め，評価会社の所有する資産のうち株式等についてのみ純資産価額としての価値を反映させようとするものであり，それらの株式等の影響を排除した後の「一般の評価会社」としての会社の事業実態に応じた原則的評価方式による評価額をも併せ考慮しているのであるから，このようなS1＋S2方式によって評価することも株式保有特定会社の株式の評価方式として合理的な方法というべきである。

②　法人企業統計における企業の有する資産の価額が簿価に基づき計算されていることは否定しないが，各企業によって，所有する資産の種類，取得時期及び取得価額，有価証券の時価等は千差万別であり，すべての法人について，簿価により株式保有割合を算出した方が相続税評価額により算出されたそれよりも割合が低くなるというような状況になるとは限らない。むしろ，相続税評価額に置き換えることによって土地の含み益も顕在化することになるから，その場合，株式保有割合はさらに低いものになることが十分想定される。したがって，平成15年度において，法人企業統計の対象法人における株式保有割合を時価に基づいて計算すると，法人企業統計に基づく平均値を超えて25パーセント以上となっているものとみることはできないから，評価通達189の（2）に定める基準（大会社に関するもの）が不合理であるとはいえない。

判断の要旨

①　法人企業統計における営利法人の資産の価額は，簿価に基づき算定されているものであるのに対し，評価通達における株式保有割合の計算は，課税時期において評価会社の有する各資産を同通達に定めるところにより評価した価額，すなわち時価に基づいてすべきものとされている（評価通達189の（2））ことからすれば，被告主張の法人企業統計を基に算定された株式保有割合をもって，上記統計の調査期間における評価通達に定める方法により算定した大会社の株式保有割合の実態と常に一致するものと断ずることはできないものというべきである。

②　法人企業統計を基に算定された資本金10億円以上の金融業及び保険業を除く全ての業種の営利法人の株式保有割合の数値が，平成元年度においては7.38パーセント，平成2年度においては7.88パーセントと，同通達189の（2）において大会社が株式保有特定会社に該当するか否かの基準とされている25パーセントと比して一見して格段に低いものとなっていたことからすれば，評価通達の平成2年改正がされた当時においては，評価通達に定めるところにより算定した株式保有割合が25パーセント以上である大会社につき，一律に，資産構成が類似業種比準方式における標本会社に比して著しく株式等に偏っているものとして株式保有特定会社に該当するものと扱うことには，合理性があったものというべきである。

③　しかし，〔1〕評価通達の平成2年改正がされた後，平成9年の独占禁止法の改正によって従来は全面的に禁止されていた持株会社が一部容認されることとなり（独占禁止法9④一参照），これを契機として，商法等において，持株会社や完全親子会社を創設するための株式交換等の制度の創設，会社の合併に関する制度の合理化，会社分割制度の創設といった企業の組織再編に必要な規定の整備が進められるなど，本件相続の開始時においては，評価通達の平成2年改正がされた当時と比して，会社の株式保有に関する状況は大きく変化したものというべきところ，〔2〕本件相続の開始時を調査期間に含む平成15年度の法人企業統計を基に算定された資本金10億円以上の

金融業及び保険業を除くすべての業種の営利法人の株式保有割合の数値は16.31パーセントであり，平成元年度及び平成2年度のそれのように同通達189の（2）において大会社が株式保有特定会社に該当するか否かの基準とされている25パーセントと比して，一見して「格段に低い」ものとまでは評価し難いこと，〔3〕本件全証拠によっても，本件相続の開始時において上記〔2〕の営利法人につき時価（相続税評価額）に基づいて株式保有割合を算定した場合の数値が，おしなべて平成15年度の法人企業統計を基に算定された上記〔2〕の株式保有割合の数値（16.31パーセント）よりも大幅に低くなるものと推認すべきような証拠ないし事情は見当たらないこと，〔4〕法令上，子会社の株式の取得価額（最終の貸借対照表において別に付した価額があるときはその価額）の合計額の当該会社の総資産の額に対する割合が100分の50を超える会社が持株会社とされ，特別な規制がされていること〔独占禁止法9④一（本件相続開始時の9⑤一）〕などにかんがみれば，少なくとも本件相続の開始時においては，評価通達に定めるところにより算定した株式保有割合が25パーセント以上である大会社のすべてについて，一律に，資産構成が類似業種比準方式における標本会社に比して著しく株式等に偏っており，その株式の価額の評価において類似業種比準方式を用いるべき前提を欠くものと評価すべきとまでは断じ難いものというべきである。そうすると，少なくとも本件相続の開始時を基準とすると，評価通達189の（2）の定めのうち，大会社につき株式保有割合が25パーセント以上である評価会社を一律に株式保有特定会社としてその株式の価額を同通達189-3の定めにより評価すべきものとする部分については，いまだその合理性は十分に立証されているものとは認めるに足りないものといわざるを得ない。

CASE

31

取引相場のない株式に関する評価通達の適用範囲

［取引相場のない株式／評価通達による評価を行うべきか否か］

（参考）
千葉地方裁判所　平成 10 年（行ウ）第 66 号　H12.3.27 判決　TKC28060132／TAINS Z247-8622

財産の価額の評価に当たっては，評価基本通達に定める方式によるのが原則であるが，評価通達によらないことが相当と認められるような特別の事情がある場合には，他の合理的な時価の評価方式によることが許されるとされた事例である。

本事案の評価対象資産は，節税対策として贈与した株式であり，納税者が，いわゆる相続税の節税対策として行った贈与に対して課税されたことから，錯誤を主張した事例である。納税者は評価通達について言及していないが，裁判所は評価通達の適用範囲について明示し，その意義を強調している。

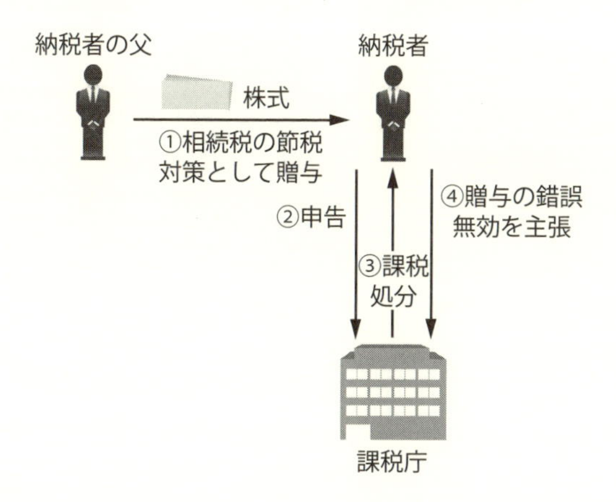

納税者の主張

税の専門家から，本件が，節税対策が合法的で万全なものであり，税務上も問題がないと説明され，これを信じて，その指示に従って本件節税対策を企画し実行したのであるが，本件節税対策が，税務上問題のあるもので，本件贈与が相続税の節税対策とならず，かえって多額の税負担が発生することを知っていれば，このような株式の贈与契約を締結することはなかった。

本件では唯一の目的である節税効果が発生しない以上，その仕組みを構成する個々の法律行為には何の意味もないのであって，法律行為に必要性とその意思があり，課税に関する認識はこれに従たるにすぎない通常の場合とは異なるのである。本件節税対策全体の仕組みをみれば，納税者には何の経済的成果も発生しておらず，そこには何らの担税力も認められない。したがって，後に贈与税について多額の更正処分がなされた以上，本件贈与は錯誤により無効である。

課税庁の主張

① 本件において，納税者は，父親が企画した本件節税対策に加担し，本件株式の贈与を受けたのであり，本件贈与においては，父親が財産を無償で納税者に与える意思と納税者がこれを受諾するという意思が合致しており，そこに要素の錯誤は存在しない。

② 納税者の主張する錯誤とは，単に租税回避対策上の見込み違いにすぎず，本来課されるはずの相続税及び贈与税負担を著しく減少させるもくろみで本件贈与をしたものの，そのもくろみが効を奏しなかったというにすぎず，右のような内心における租税負担の見込みは，そもそも法律行為の要素となり得る動機とはいえない。

③ 贈与税は，贈与により取得した財産に担税力（租税を負担しうる経済的能力）を認め，これに課税するものであるから，当事者間において無償で財産を増加させたという経済的成果があれば，課税要件は充足され，課税が妨げられるものではない。つまり，贈与税は，贈与契約という私法上の法律行為それ自体を課税の対象にしている訳ではなく，贈与の結果である取得した財産という経済的成果に対して課税されるものであるから，仮に贈与契約に

瑕疵があったとしても，その経済的成果が存する限り，その課税関係に影響を及ぼすことはないというべきである。

判断の要旨

① 相続税法22条によれば，贈与により取得した財産の価額は，原則として，当該財産の取得の時における時価によるものとされている。ここにいう「時価」とは，課税時期における当該財産の客観的交換価値をいい，右交換価値とは，それぞれの財産の現況に応じ，不特定多数の当事者間において自由な取引が行われる場合に通常成立すると認められる価額をいうものと解するのが相当である。

② 財産の客観的交換価値といっても，必ずしも一義的に確定されるものではないことから，課税実務においては，財産評価の一般的基準が評価通達（昭和39年4月25日付直資56国税庁長官通達。以下「評価通達」という。）によって定められ，これに定められた画一的な評価方式によって財産の時価，すなわち客観的交換価値を評価するものとしている。

これは，財産の客観的な交換価値を個別に評価する方法をとると，その評価方式，基礎資料の選択の仕方等により異なった評価額が生じることを避けがたく，また，課税庁の事務負担が重くなり，課税事務の迅速な処理が困難となるおそれがあることなどから，あらかじめ定められた評価方式によりこれを画一的に評価する方が，納税者間の公平，納税者の便宜，徴税費用の節減という見地からみて合理的であるという理由に基づくものである。

よって，評価通達に規定された評価方式が合理的なものである限り，財産の価額は，原則として，右評価方法によって画一的に評価するのが相当と認められる。

③ しかしながら，評価通達に定められた評価方式によるべしとする趣旨が右のようなものであることからすれば，評価通達に定められた評価方式を画一的に適用すると，かえって実質的な租税負担の公平を著しく害することが明らかといえるような場合には，評価通達を形式的に適用すべきではなく，

当該財産の客観的な交換価値の評価方式として合理的と認められる別の評価方式によることも許されるというべきである。したがって，財産の価額の評価に当たっては，評価通達に定める方式によるのが原則であるが，評価基本通達によらないことが相当と認められるような特別の事情がある場合には，他の合理的な時価の評価方式によることが許されるものと解される。

④　本件株式のように取引相場のない株式の時価を評価するに当たっては，自由な取引を前提とする客観的価値を直接把握することが困難であるから，当該株式が化体する純資産価額，同種の株式の価額あるいは当該株式を保有することによって得ることができる経済的利益等の価額形成要素を勘案して，当該株式を処分した場合に実現されることが確実と見込まれる価額を求めるべきところ，一般に株式は，会社資産に対する割合的持分の性質を有し，株主は，株式の保有によって会社の有する純資産を間接的に保有するものと考えられることからすれば，会社の純総資産の価額を発行済株式数で除した価額をもって当該株式の評価額とする方式（時価純資産価額方式）は，合理性を有する時価の評価方式と認めることができる。

もっとも，評価通達188の2では，従業員株主などの少数株主に代表される「同族株主以外の株主等が取得した株式」については，一般的にその持株割合が僅少で，会社の事業経営に対する影響力が少なく，ただ単に配当を受けることが株式の保有により把握する権利の主たる要素であるという実質や，株式の価額を右のような時価純資産価額方式等で算定するには多大の労力を要することなどから，例外的な評価方式として配当還元方式が採用されているが，このように少数株主が株式を保有する経済的実益が，通常の場合には主として配当金の取得にあるという特殊性を捉えて簡便な評価方式を採用することも合理的なものと認められる。

しかしながら，配当還元方式は，右のような少数株主による株式保有の経済的実質に照らして合理的と評価し得るものであって，株式保有の目的や経済的な実質が右の前提と相違するような場合にまでこれによるのは相当とはいえないのであって，配当還元方式によったのでは実質的な租税負担の公平を著しく害することになるような場合には，これによることなく前述したように合理的と認められる時価純資産価額方式によるのが相当と解される。

CASE 32 医療法人の出資額の評価方法

[医療法人の出資／持分の定めのある社団医療法人の増資]

（参考）
横浜地方裁判所　平成 15 年（行ウ）第 41 号　H18.2.22 判決　TKC25420920／TAINS Z256-10321
東京高等裁判所　平成 18 年（行コ）第 88 号　H20.3.27 判決　TKC25421283／TAINS Z258-10932
最高裁判所第二小法廷　平成 20 年（行ヒ）第 241 号　H22.7.16 決定　TKC25442402／TAINS Z260-11480

社団たる医療法人の定款に，出資した社員が退社時に受ける払戻し及び当該法人の解散時の残余財産分配はいずれも当該法人の一部の財産についてのみすることができる旨の定めがある場合において，当該法人の増資時における出資の引受けに係る贈与税の課税に関し，当該法人の財産全体を基礎として財産評価通達の定める類似業種比準方式により評価することに合理性があるとされた事例である。医療法人の増資に伴って出資したことについて，課税庁が当該出資を著しく低い価額で引き受けたと指摘した。

医療法人は，相当の収益を上げ得る点で一般の私企業とその性格を異にするものではなく，その収益は医療法人の財産として内部に蓄積され得るものである。出資社員に対する社団医療法人の財産の分配については，剰余金の配当を禁止する医療法の規定に違反しない限り，基本的に当該法人が定款で定めることできる。そのため，出資社員が出資額に応じて退社時の払戻しや解散時の残余財産分配を受けられる旨の定款の定めがある場合には，これに基づく払戻し等の請求が権利濫用になるなどの特段の事情のない限り，出資社員は，総出資額中に当該出資社員の出資額が占める割合に応じて当該法人の財産から払戻し等を受けられることになる。

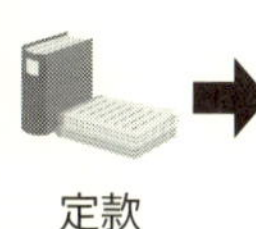

納税者の主張

①　新定款では本件法人の資産を基本財産と運用財産に区分し，中途退社や解散の場合に出資者に分配できるのは運用財産のみとされ，解散時の残余財産は国若しくは地方公共団体に帰属すると定められているから，出資者は運用財産の枠内でしか出資の返還を受けられない。そうすると，今後，本件法人の出資持分の譲渡等が行われる場合には，譲受人は定款と決算書等に基づき，運用財産を対象として出資持分の評価をするのであり，その評価に基づいて譲渡が行われると考えるのが経験則に合致する。

②　本件各決定処分は，本件出資時点で原告らに相続税法９条が適用されるべき経済的価値の増加が発生することを前提とするものであるが，仮に，本件出資をした時点で払戻しを請求すれば，払戻引当金は運用財産のみであり，その時点での運用財産はほぼ16億820万円の赤字であったのである。そして，この時点で原告らに経済的利益が発生したというのであれば，原告らは同利益を支配し，自由に使用収益できなければならないが，そのようなことは不可能である。したがって，本件法人における出資の評価は運用財産のみについて純資産価額方式をもって行うべきであり，これによれば原告らの本件出資時点における払戻額は零円（計算上はマイナス）であり，被告が主張するような額の経済的利益を得たということもできないし，本件出資に

ついて相続税法９条所定の「著しく低い価額の対価」という要件も満たさない。

課税庁の主張

① 持分の定めのある医療法人は，社団法人であって，事業により利益を上げ，資産を有するという点においては，特に一般の私企業とその性格を異にするものではないことによるものであり，このような評価通達の取扱いは，法人税法上，医療法人についても株式会社や有限会社と同じく普通法人であると位置づけられていることからすれば当然の取扱いである。

② 具体的な時価の算定については，評価通達によらないことが正当として是認されるような特別な事情がある場合を除き，評価通達によるのが相当であり，本件において，そのような特別の事情は認められないというべきである。

評価通達194–2によれば，持分の定めのある社団医療法人の出資の評価は，取引相場のない株式の評価に準じて評価することとされている。

これによれば，

(i) 本件法人は，本件増資当時，従業員数100名以上を有していたから，評価通達178に定める大会社に該当し，その出資の評価は，類似業種比準方式により評価することとなり，本件法人の増資前の出資１口当たりの評価額は，評価通達194–2により，別表２「本件法人の増資前出資１口当たりの評価額の計算明細」記載のとおり685万6,700円となる。

(ii) 本件法人の増資後の出資１口当たりの評価額は，本件増資の払込額を１口当たり５万円としたことにより希釈され，別表３「本件法人の増資後出資１口当たりの評価額の計算明細」記載のとおり，379万3,685円となる。

(iii) 以上のとおり，本件増資後における本件法人の出資持分の評価額は，１口当たり379万3,685円であるところ，納税者らは，これを75分の１以下の価額である１口当たり５万円の対価で取得したのであるから，相続税法９条にいう「著しく低い価額の対価で利益を受けた場合」に該当する。

判断の要旨

①　評価通達 194-2 は，持分の定めのある社団医療法人及びその出資に係る事情を踏まえつつ，出資の客観的交換価値の評価を取引相場のない株式の評価に準じて行うこととしたものと解される。そうすると，その方法によっては当該法人の出資を適切に評価することができない特別の事情の存しない限り，これによってその出資を評価することには合理性があるというべきである。

②　本件法人は，もともと退社時の払戻しや解散時の残余財産分配の対象となる財産を本件法人の財産全体としていたところ，これを変更し，新定款において，上記払戻し等の対象となる財産を運用財産に限定したものである。

新定款においては，払戻し等に係る定めの変更を禁止する旨の条項があるが，社団法人の性格にかんがみると，法令において定款の再度変更を禁止する定めがない中では，このような条項があるからといって，法的に当該変更が不可能になるものではないから上記結論を左右するものではない。また，基本財産と運用財産の範囲に係る定めは変更禁止の対象とされていないから，運用財産の範囲が固定的であるともいえない。そうすると，本件においては，本件増資時における定款の定めに基づく出資の権利内容がその後変動しないと客観的に認めるだけの事情はないといわざるを得ず，他に評価通達 194-2 の定める方法で新定款の下における本件法人の出資を適切に評価することができない特別の事情があることもうかがわれない。したがって，本件において，新定款下での本件法人の出資につき，基本財産を含む本件法人の財産全体を基礎として評価通達 194-2 の定める類似業種比準方式により評価することには，合理性があるというべきである。

CASE

33 医療法人の出資持分の評価方法

[医療法人の出資／持分の定めのある社団医療法人の出資持分]

（参考）
東京地方裁判所　平成22年（行ウ）第133号　H23.6.3　TKC25444124／TAINS Z888-1637

持分の定めのある社団である医療法人の持分の価額について，評価通達によってその評価をすることには合理性があるとした事例である。評価対象は，医療法人の社員の死亡により，他の社員の出資持分の価額が増加し，同人らは対価を支払わないで上記に係る利益を受けたものとして，いわゆるみなし贈与の規定の適用があるとされた。

評価通達の趣旨は，医療法人といっても，その医療事業の内容や経営実態は，一般の私企業の実情と異にするものではないことから，取引相場のない中小企業の株式評価との均衡を考慮したものとされるが，本事案はその趣旨を確認したものといえる。

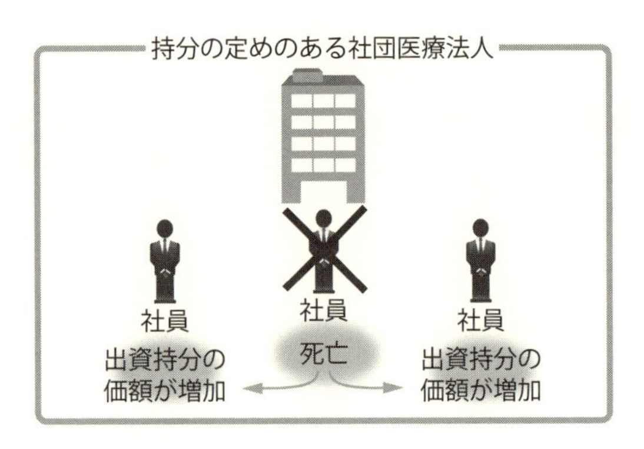

納税者の主張

納税者は，この医療法人は，持分の定めのある社団である医療法人ではなかった，あるいは持分の定めのある社団である医療法人であったとしても，社員らの出資（持分）の価額の増加についてはみなし贈与の適用はないとしている。

すなわち，Ｇが出資額限度法人であるとしても，医療法人は，営利を目的としておらず，一般の私企業と同様の性格を有するものではないのであって，医療法人が，定款で社員の退社時の払戻しや医療法人の解散時の残余財産分配の対象となる財産を当該医療法人の財産全体とする旨を定めることは，医療法に反するものであって許されないことにかんがみると，Ｇが，新定款を変更して，旧定款のように，社員の退社時の払戻し等の対象となる財産をＧの財産全体とする旨を定めることはあり得ない。また，新定款は，基金拠出型定款と同様のものであり，現行の医療法の規定の適用ないし類推適用によって，上記のような定款の変更が認められないであろうことは，容易に推察可能である。

したがって，将来定款が上記内容に変更される抽象的な可能性があるからといって，Ｇの財産全体を基礎として出資を評価することは許されない。

課税庁の主張

①　評価通達194-2は，持分の定めのある社団である医療法人の出資の評価方法を定めており，その評価方法については，医療法人は収益事業を行っている点において，特段，一般の私企業などとその性格を異にするものではなく，また，医療法人の出資に関し，上場株式のような取引相場は見当たらないことから，当該出資の評価方法は，評価通達の定める取引相場のない株式の評価方法に準じて評価することとしているところ，評価通達194-2の定める評価方法により，持分の定めのある社団医療法人の出資を評価することは，最高裁判所20年（行ヒ）第241号同22年7月16日第二小法廷判決・裁判集民事234号263頁（以下「最高裁平成22年7月判決」という。）が，評価通達194-2の定める方法によっては持分の定めのある社団である医療法人の出資を適切に評価することができない特別の事情の存しない限り，こ

れによってその出資を評価することには合理性がある旨を判示していることからも明らかなように，合理性があるというべきである。

② 新定款は，7条及び35条において，社員の退社時における出資持分払戻請求権及び解散時における残余財産分配請求権について，払込出資額を限度とする旨を定めている。しかしながら，平成18年改正法による改正前の医療法には，定款の変更により出資額限度法人が通常の持分の定めのある社団医療法人に移行することを禁止する規定や医療法人の運営に関する特別利益供与を禁止する規定はなく，また，出資額限度法人の社員は，通常の持分の定めのある医療法人との合併により，当該医療法人の社員となることが可能であることから，持分の定めのある社団である医療法人が出資額限度法人に移行しても，出資を評価通達194-2の定める評価方法によって評価することの合理性は失われないというべきである。

判断の要旨

① 医療法人は，業務を行うことにより相当の収益を上げ得る点においては，一般の私企業とその性格を異にするものではなく，その収益は医療法人の財産として内部に蓄積され得るものである。そして，持分を有する者に対する社団である医療法人の財産の取扱いについては，定款変更がされ，また，相続が開始した当時の医療法の規定の下においては，同法54条に反しない限り，基本的に当該医療法人が定款で定め得るものとされていたのであって，例えば，社員がその出資した金額に応じて退社時の払戻しや当該医療法人の解散時の残余財産の分配を受けられる旨の定款の定めがあった場合，これに基づく払戻し等の請求が権利の濫用になるなどといった特段の事情のない限り，当該社員は，総出資額中において当該社員の出資額が占める割合に応じて当該医療法人の財産から払戻し等を受けられることとなる（最高裁平成22年4月判決参照）。

② 持分に係る地位ないし権利の内容は，自治的に定められる定款によって様々なものとなり得る余地があるものの，その変更もまた可能であって，仮

にある時点における定款の定めにより払戻し等を受け得る金額が自らの払込出資額を限度とされるなどしていたとしても，客観的にみた場合，持分を有する者は，法令で許容される範囲内において定款が変更されることにより，当該医療法人の財産全体につき自らの出資額の割合に応じて払戻し等を求め得る潜在的可能性を有するものである。また，定款の定めのいかんによって，当該医療法人の有する財産全体の評価に変動が生じないのはいうまでもない。そうすると持分の定めのある社団である医療法人における持分は，定款の定めのいかんにかかわらず，基本的に上記のような可能性に相当する価値を有するということができる。

③ 評価通達 194-2 は，持分の定めのある社団である医療法人及びその持分の取得に係る事情を踏まえつつ，持分の客観的な交換価値の評価を，取引相場のない株式の評価に準じて行うこととしたものと解される。そうすると，その方法によっては当該持分の価額を適切に評価することができない特別の事情の存しない限り，これによってその評価をすることには合理性があるというべきである（最高裁平成 22 年 7 月判決参照）。

④ 医療法人 G は，旧定款の定めの下において，社員の退社時の払戻しや G の解散時の残余財産の分配の対象となる財産を G の財産全体としていたところ，これを変更し，支払を受け得る額を自らの支出した額を限度とするなどとした。

⑤ 納税者らは，G が，新定款を更に変更して，旧定款のように，社員の退社時等の取扱いの対象となる財産を G の財産全体とする旨を定めることはあり得ないと主張する。しかしながら，定款変更後の G の定款にその定めの変更を禁ずる旨の定めはなく，この点をひとまずおくとしても，社団法人の性格にかんがみると，平成 18 年改正法附則 10 条の規定に照らし，法令において G の定款の再度の変更を禁止する定めがあるとはいえない中では，法的に新定款の変更が不可能になるということはできない。そうすると，本件においては，本件相続の開始時における新定款の定めに基づく持分に係る地位ないし権利の内容がその後変動しないと客観的に認めるだけの事情はな

いといわざるを得ず，他に評価通達 194-2 の定める方法で新定款の定めの下におけるＧの持分の価額を適切に評価することができない特別の事情があることもうかがわれない。したがって，本件において，新定款の定めの下でのＧの持分の価額につき，Ｇの財産全体を基礎として評価通達 194-2 の定める方法によって評価することには，合理性があるというべきである。

CASE 34

有限会社の出資持分に関する評価通達の趣旨

[有限会社の出資／相続により取得された有限会社の出資持分の評価]

(参考)
大津地方裁判所　平成8年（行ウ）第3号　H9.6.23判決　TKC28022006／TAINS Z223-7935
大阪高等裁判所　平成9年（行コ）第42号　H12.7.13判決　TKC28062621／TAINS Z248-8696
最高裁判所第三小法廷　平成12年（行ツ）第326号　H14.10.29判決　TKC28110671／TAINS Z252-9225

評価通達に定める評価方法の趣旨について言及した事例であり，評価対象資産は，相続により取得した有限会社に対する出資持分である。

納税者は，相続財産である有限会社の出資を評価するに際し，評価通達に従わず，純資産額の計算上，評価差額に対する法人税等相当額を控除しなかったこと等が違法であると主張して，課税処分の取消を求めた。

本事案における重要な要素は，課税庁が主張するように，相続財産の評価に当たっては，課税の公平を確保するため，評価通達の画一的適用という形式的平等を貫くことで，実質的な課税負担の公平を害することが明らかであるなどの特別な事情がある場合には，例外的に他の合理的な時価の評価が許されるという点である。租税法律主義と租税公平主義が税法の基本原則とされるが，前者は納税者，後者は課税庁がそれぞれ主張する事案が多い。本事案もまさしく租税負担の公平を阻害するという租税回避的な手法による節税スキームに対して厳しい判断が下された事案である。

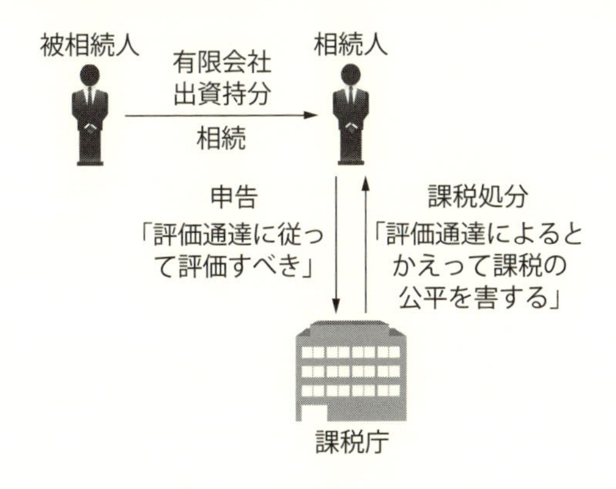

納税者の主張

① 評価通達 185 は，当該法人に対する財産持分請求権の評価に当たって，当該法人の解散を擬制したうえ，残余財産として出資者が払戻しを受けるとした場合に得られる価額は，清算所得に係わる法人税額等に相当する 51 パーセントを評価上考慮することが合理的であるとしている。要するに，51 パーセント控除は個人事業用の資産との評価の均衡を図るために認められた評価上の斟酌であり，それは，将来，法人税等が実際に課税されると否とにかかわらず適用されるべきものである。

② 被相続人が，直接支配したのは本件出資持分（B 社出資）であり，A 社の出資持分及び現金は間接所有したにすぎないのであるから，その所有形態の違いからくる評価差額に対する法人税額等に相当する金額の控除をするという評価上の斟酌を認める基礎があり，本件出資に評価通達を適用する合理性があるというべきである。

③ 相続開始時の本件出資の評価について，相続開始後の事実である合併や増資の事実を考慮している点で不合理である。本来，本件相続税の課税時期後の合併や減資の事実が，相続財産である本件出資持分の課税時期における時価に影響するはずがない。本件では，相続開始後の合併や減資において，法人税及び所得税法の定める課税要件を充足しないことから，かかる税が発生しなかったが，その事実は本件相続財産の評価に全く関わりがない。

④ 「租税回避目的」や「経済的合理性の欠如」という主観的要素を，相続税法 22 条の時価の解釈について考慮している点で不合理である。このような主観的要素を考慮することは，客観的交換価値である時価の本質に反するだけでなく，法的安定性や納税者の予測可能性が著しく制限されることとなる。課税庁は，本件出資の評価において法人税額等を控除すれば，「租税負担の実質的公平を著しく害する」と主張するが，本件出資の純資産価額方式における法人税額等の控除は，前記のとおり出資持分の実態的性格に基づく本質的，経済的要因からの評価理論上当然の要請であって，評価通達に規定する法人税額等の控除という評価要素を排斥して評価することは，純資産価

額方式の評価そのものを否定することであって許されない。むしろ，土地を時価よりも低い価額で現物出資した場合の評価差額については法人税等相当額が控除されるであろうことと比較すれば，課税庁の評価方法こそ，実質的負担の不公平が生じているというべきである。また，本件出資の客観的交換価値は明らかになっていないため，評価通達によってその時価を評価するのであって，法人税額等相当額の控除は，例えば不動産等の評価について評価の安全性という観点から評価方法を定めるのとは全く異なるのである。その意味で純資産価額方式の本質を無視した課税庁主張の評価方法は時価を定める合理的方法ではないし，時価を定めたものでもない。

⑤　評価通達６の適用は租税平等主義から慎重になされるべきであり，統一評価方法を適用すると明らかに課税上不都合が生じるという特別の事情がある場合に限られるべきである。そして，その特別事情について，「経済的合理性のない行為」あるいは，「専ら贈与税又は相続税の負担を回避する目的」というような主観的要素を含めるべきではない。さらに，その適用の際には，予測可能性及び法的安定性の観点から，例外の理由を明示し，評価通達６の「指示」が開示される必要があるにもかかわらず，本件更正決定の通知書には，例外的な評価方法を採ることの十分な理由の記載がなく，適正手続を著しく欠いており，違法である。

課税庁の主張

①　相続財産の評価に当たっては，課税の公平を確保するため，評価通達に定める方式によるのが原則であるが，同通達の画一的適用という形式的平等を貫くことによって，かえって実質的な課税負担の公平を害することが明らかであるなどの特別な事情がある場合には，例外的に他の合理的な時価の評価が許されると解される。

②　評価通達 185 が法人税額等相当額を控除することとしている趣旨は，株式等（有限会社の出資と併せて「株式等」という。）の所有を通じて間接的に資産を所有している場合と個人事業主が個々の事業用資産を直接所有し

ている場合とでは，その所有形態が異なるため，右の所有形態の差異を斟酌して，両者の事業用財産の評価の均衡を図ろうとするものと解される。すなわち，相続財産の評価差額を法人税法92条（解散の場合の清算所得に対する法人税の課税標準）の金額とみなし，事業用資産の所有形態を法人所有から個人所有に変更した場合に課税されることとなる清算所得に対する法人税額等に相当する金額を相続税評価額から控除することによって，右均衡を図ろうとしているのである。

③　納税者が本件出資を相続した経緯等については，要するに，被相続人が約20億円もの巨額の借入を行って取得したA社の出資を約3,200万円という著しく低い価額によってB社に現物出資し，納税者は，相続開始後のA社及びB社の合併，増資によって，右の約20億円の大部分を回収している。

右一連の行為の結果，仮に法人税額等相当額を控除して本件出資を評価するとその価額は約10億円となる一方，借入金約20億円は全額が債務控除の対象となるため，右一連の行為が行われなかった場合と比べて何ら担税力に変わりがないのに，課税価額が約10億円（借入金約20億円と本件出資の評価額約10億円との差額）も低額に算出され，相続税の負担が不当に回避されることになる。

右一連の行為及び結果からして，被相続人及び納税者が，法人税額相当額の控除を利用する意図で，評価差額を創出し，相続財産の価額を圧縮して相続税の負担を回避しようとしたことは明らかで，右一連の行為にはなんら経済的合理性は認められないというべきである。

そして，このような場合についてまで法人税等相当額を控除して計算することは，本件のような巨額の借入をなし得る者とそうでない者との間，現物出資における帳簿上の受入価額を著しく低くした者と適正な価額にした者との間などにおける実質的公平を著しく害し，評価通達の趣旨に反するばかりか，富の再分配機能を通じて経済的平等を実現するという相続税法の立法趣旨にも反するといわなければならない。したがって，本件出資の評価については，前記評価通達によらず，他の合理的な時価の方法によるべき「特別の事情」があるものというべきである。

④　評価通達自体も「この通達の定めによって評価することが著しく不適当と認められる財産の価額は，国税庁長官の指示を受けて評価する。」（評価通達6）と定めているところ，本件更正処分前の平成5年10月ころ，国税庁から各税務署に対し，法人税額等相当額を控除しない旨の事務連絡がなされており，これは，一般的かつ間接的な右「国税庁長官の指示」と解し得るのであり，本件課税処分も右事務連絡に基づくものである。

判断の趣旨

①　相続税法22条は，相続財産の価額は，特別に定める場合を除き，当該財産の取得のときにおける時価による旨規定しているところ，右の時価とは相続開始時における当該財産の客観的な価値をいうものと解するのが相当である。そして，課税実務上は，納税者間の公平，納税者の便宜，徴税費用の節減という見地から相続財産評価の一般的基準が評価通達によって定められ，そこで定められた画一的な評価方式によって相続財産を評価することとされている。

租税平等主義という観点からして，評価通達に定められた評価方式が合理的なものである限り，これが形式的にすべての納税者に適用されることによって租税負担の実質的な公平をも実現することができるものと解されるから，特定の納税者あるいは特定の相続財産についてのみ，右通達に定められた方式以外の方法によって評価を行うことは，たとえその方法による評価額それ自体が同法22条の定める時価として許容できるものであったとしても，納税者間の実質的負担の公平を欠くものであり，原則として許されないというべきである。しかしながら，右通達に定められた評価方式を画一的に適用するという形式的な平等を貫くことが，右評価通達の趣旨を没却するだけでなく，実質的な租税負担の公平を著しく害することが明らかな特別の事情がある場合には，他の合理的な時価の評価方式によることが許されると解するのが相当である。

②　本件出資について，仮に評価通達によるとすれば，評価通達185及び186−2に定める評価方法によることとなる。評価通達185は，小会社が，事業規模や経営の実態からみて個人企業に類似するものであり，これを株式の実態からみても，株主が所有する株式を通じて会社財産を完全支配しているところから，個人事業者が自らその財産を所有している場合と実質的に変わりはなく，その株式を，それが会社財産に対する持分を表現することに着目して，純資産価額方式により評価することを基本としているものである。そして，評価通達185及び同186−2が，純資産価額の計算上，会社資産の評価替えに伴って生じる評価差額に相当する部分の金額に対する法人税額等に相当する金額を会社の正味財産価額の計算上控除することとしているのは，小会社の株式といえども株式である以上は，株式の所有を通じて会社の資産を所有することとなり，個人事業主がその事業用財産を直接所有するのとは，その所有形態が異なるため，両者の事業用財産の所有形態を経済的に同一の条件のもとに置き換えたうえで評価の均衡を図る必要があることによるものである。すなわち，相続財産の評価差額を法人税法92条（解散の場合の清算所得に対する法人税の課税標準）の金額とみなし，事業用資産の所有形態を法人所有から個人所有に変更した場合に課税されることとなる清算所得に対する法人税額等に相当する金額を相続税評価額から控除することによって，右均衡を図ろうとしているのである。

③　納税者は，評価通達185の趣旨について，純資産価額方式における法人税額等の控除は，出資持分の実態的性格に基づく本質的，経済的要因からの評価理論上当然の要請であり，当該評価通達が，課税時期において会社の解散が予定されている場合のみを想定しているものでないことは明らかであるから，本件出資の評価についても法人税額等相当額を控除する基礎が認められる一方，課税庁の主張は不合理であると主張している。しかし，経済的に判断すべき時価の問題において，法人税額等が控除されるのは，経済的な理由があるからにほかならない。そして，その控除される額を法人税額等相当額と定められたのは，まさに，解散の場合の清算所得に対する法人税の課

税標準を考慮したためであって，間接所有であることからくる評価理論上当然の要請だという納税者の主張は採用できない。また，当該会社解散の可能性を考慮することなく評価通達が形式的に適用されることと，その趣旨の解釈に当たって，法人税額等相当額の控除が評価理論上当然の要請と解することとは，理論的必然性があるとはいえず，納税者の右主張は採用できない。

CASE
35 外国法人の株式の評価方法

[外国法人の株式評価/評価通達に定めのない外国法人の株式評価]

(参考)
東京地方裁判所　平成15年(行ウ)第518号　H17.1.28判決　TKC28101632/TAINS Z255-09915
東京高等裁判所　平成17年(行コ)第72号　H17.9.21判決　TKC25420277/TAINS Z255-10139
最高裁判所第三小法廷　平成17年(行ツ)第359号　H19.3.27決定　TKC25463318/TAINS Z257-10672

外国法人の株式の時価は評価通達に定める評価方法に準じて評価するとされた事例であり，評価対象資産は，贈与契約締結時に香港に在していた納税者に居住者から贈与されたシンガポール法人の株式である。

本事案は，受贈者の住所の判定が大きな争点であり，また贈与の有無が焦点となっている。すなわち，いわゆる非居住者に対する在外資産の贈与により相続税の節税対策というスキームが背景にある事例である。したがって贈与が認定されれば判旨のような結論が当然導かれることになる。

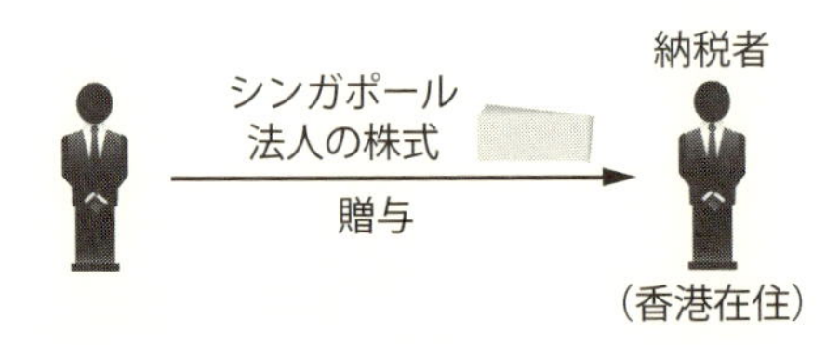

課税庁の主張

① 贈与により取得した財産の時価は，評価通達〔昭和39年4月25日付け直資56，直審（資）57による国税庁長官通達（ただし，平成10年5月12日付課評2-3による改正前のもの）に従って算定するものとされている。本件株式は，シンガポールに本店を有する法人の非上場株式である。評価通達には，このような株式の時価の算定方法についての定めはないが，評価通達5は，「この通達に評価方法の定めのない財産の価額は，この通達に定め

る評価方法に準じて評価する。」と規定している。そこで，本件株式の時価は，上記規定に基づき，評価通達に定める評価方法に準じて評価することとなる。

②　シンガポール法人は，設立されてから間もない会社であること，同社が投資を目的として設立され，資産の大半を有価証券が占めていることからすると，同社の株式を評価するに当たっては，保有資産に着目した評価方法である純資産価額方式，すなわち会社の保有する資産の価額から負債の金額を控除して得られた価額（純資産）を当該会社の発行済株式数で除して，1株当たりの価額を算定する方法によって算定するのが合理的である。

判断の要旨

納税者は，本件株式を本件贈与により取得したのであるから，本件株式の価額は，本件贈与がされた平成9年12月18日の時点における時価によるべきである（相法22）。そして，本件株式は，シンガポールに本店を有する法人の非上場株式であると認められるが，評価通達には，このような株式の時価の算定方法についての定めはない。そこで，本件株式の時価は，評価通達5に従い，評価通達に定める評価方法に準じて評価するのが相当である。

CASE
36 企業組合の出資持分に関する評価通達の合理性

［企業組合の出資持分／相続財産に含まれる出資持分の評価］

（参考）
名古屋地方裁判所　平成 15 年（行ウ）第 13 号　H15.9.18 判決　TKC28090086／TAINS Z253-9439
名古屋高等裁判所　平成 15 年（行コ）第 49 号　H16.2.19 判決　TKC28140956／TAINS Z254-9566

相続財産に含まれる企業組合に対する出資持分の評価について，企業組合の持分は，究極的には当該組合の純資産価額を体現していると考えられることから，評価通達の合理性を肯定した事例である。取引相場のない株式評価においては，土地神話が崩壊した現在であっても所有する土地の評価額が及ぼす影響が大きい。本事案の場合も企業組合が保有する土地の評価額が納税者を刺激した事例である。

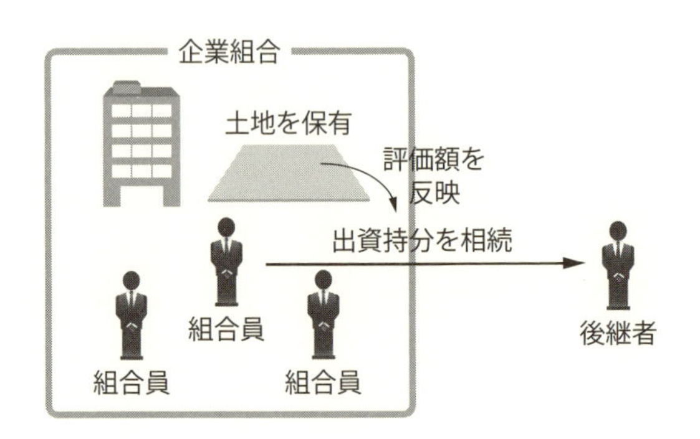

納税者の主張

①　企業組合に対する出資持分の評価を純資産価額方式によることとしている評価通達 196 は，不動産等の資産を所有せず，主たる資産が営業設備等に限定されている大半の企業組合については，純資産価額方式によって時価算定した持分価額が出資額と変わらないか，むしろ下回ることが多いので，

この限りで時価算定の方式として有効性が認められる。しかしながら，土地建物を主要な資産とする企業組合にあっては，組合資産を前提として持分を払い戻そうとすれば，その資金調達のため企業活動の中枢となるべき不動産の売却を余儀なくされ，事業の継続に困難を来すから，出資持分は定款の規定にかかわらず払込済出資金額を限度としてしか返還されないのであって（大阪地方裁判所平成8年3月27日判決・判タ916号216頁参照），出資金は，投資というより加入保証金として機能しているものであり，この場合，評価通達196による評価額は時価と一致せず，その有効性が認められないから，まさに資産の特性からみて評価通達196の方法によることが不合理な場合に該当する。

②　本件組合は，昭和25年6月に設立され，自動車・オートバイ・自転車の販売・整備等を事業内容としているが，N市に宅地（304.13平方メートル）と共同住宅を所有し，ここに組合事務局を置くほか，賃貸して賃料収入を得，運営資金に供しているところ，これらの価額は，組合資産総額6億4,216万7,000円のうち1億1,716万1,000円を占めている。そして，本件組合の清算資産は，事実上，これらの不動産に限られ，組合員から純資産価額方式による持分払戻請求がなされた場合は，これらを売却せざるを得ないが，このような事態になれば，本件組合の解散を余儀なくされることが明らかであるから，評価通達196の定める純資産価額方式によることは許されないというべきである。

課税庁の主張

①　評価通達においては，組合等への出資の評価については，組合の行う事業が組合員及び会員のために最大の奉仕をすることを目的とし，営利を目的として事業を行わない組合（農業協同組合，漁業協同組合，消費生活協同組合）等と，組合自体が1個の企業体として営利事業を行うことができる組合（企業組合，漁業生産組合，協業組合）等とを区別し，前者を払込済出資金額により（評価通達195），後者を純資産価額に着目して評価する（同

196。以下，この方式を「純資産価額方式」という。）こととしているところ，この区別は，その組合の設立の基となった法令によって払込済出資金額しか返還されないことが担保されているか否かによる。
② 中小企業等協同組合法の適用を受ける企業組合においては，「……定款の定めるところにより，その持分の全部又は一部の払戻しを請求することができる。」（中小企業等協同組合法20①）とされているにすぎず，持分の返還が払込済出資金額を限度とすることが法令で担保されていないうえ，総会の特別の議決により定款の変更や解散を行うことができ（中小企業等協同組合法53一・二，62①一），残余財産も出資持分に応じて分配され得る（中小企業等協同組合法69による商法131の準用）ことに照らすと，組合に対する出資持分の換価の方法は，独り脱退による払戻しに限られるものではないから，評価通達196を適用して出資持分を純資産価額方式によって評価することは十分に合理的であり，同通達による方法で評価することにより，租税平等主義の実現が図られるというべきである。
② 本件組合は，中小企業等協同組合法に基づいて設立された企業組合であるから，その出資持分の評価は，前記のとおり，評価通達196を適用し，純資産価額方式に準じて行われるべきである。なお，本件定款13条は，出資持分の払戻しについて，「組合員の本組合に対する出資額（略）を限度として持分を払いもどす」旨定めているが，この規定による組合員脱退の際の払戻金の制限により，本件組合の企業組合としての性質が変化するわけではなく，同通達195の適用を受ける組合に該当するようになるものではないことは明らかである。

判断の要旨

① 評価通達196は，「企業組合，漁業生産組合その他これに類似する組合等に対する出資の価額は，課税時期における組合等の実情によりこれらの組合等の185《純資産価額》の定めを準用して計算した純資産価額（相続税評価額によって計算した金額）を基とし，出資の持分に応ずる価額によって

評価する。」と定めるところ，同185は，「179《取引相場のない株式の評価の原則》の『1株当たりの純資産価額（相続税評価額によって計算した金額）』は，課税時期における各資産をこの通達に定めるところにより評価した価額（中略）の合計額から課税時期における各負債の金額の合計額及び186-2《評価差額に対する法人税額等に相当する金額》により計算した評価差額に対する法人税額等に相当する金額を控除した金額を課税時期における発行済株式数で除して計算した金額とする。(以下略)」としている。

② 評価通達上，企業組合，漁業生産組合その他これに類似する組合等に対する出資の価額は，課税時期における資産価額の合計額から負債額の合計額(いわゆる含み益に対する法人税等相当金額を含む。)を控除した金額（純資産価額）を，出資の持分割合に応じて按分して計算した金額とする純資産価額方式によって評価するとされており，これは，取引相場のない小規模株式会社の株式の評価における原則的方法並びに同じく大規模株式会社の株式及び中規模株式会社の株式の評価における補充的方法と同様である（評価通達179（1）ただし書，（2）ただし書，（3）本文)。

③ 企業組合においては，商業，工業，鉱業，運送業，サービス業その他の事業を行うものとされ（中小企業等協同組合法9の10)，漁業生産組合においては，漁業及びこれに附帯する事業を行うことができるものとされていて（水産業協同組合法78)，いずれも産業一般を行うことが予定されている種類の組合であるから，企業体としての経済的実態からすると，会社とほとんど変わるところがないと考えられる。そうである以上，取引相場のない小規模株式会社の株式の評価方法として，広く社会一般に合理的なものとして受入れられている純資産価額方式を，これらの産業一般を事業内容とする組合についても採用することは公平にかなうと考えられるし，逆に会社の株式の場合と異なる扱いを認めるならば，企業形態に係る法形式の選択いかんによる脱法的節税を許容する結果を招き，租税負担の不公平感を醸成することにもなりかねないので，評価通達196は，それ自体合理的な内容のものであると判断できる。

④　納税者らは，企業組合に対する出資金は，投資というより加入保証金として機能しているにとどまる旨主張するが，一般に出資に対して剰余金の配当が予定されている（中小企業等協同組合法59③）以上，株式との間で経済的実質に大差はないというべきであり，採用することができない。

⑤　課税庁は，脱退の場合の持分払戻額がその設立の基となった法令によって払込済出資額に限られることが担保されているか否かによって評価通達196の適用不適用を区別すべきであり，農業協同組合や漁業協同組合は，消費生活協同組合と同様，払込済出資額をもって評価すべき旨主張するところ，農業協同組合や漁業協同組合においては，その脱退時における持分払戻額が払込済出資額を限度とする旨定められておらず（農業協同組合法23，水産業協同組合法28），その点では企業組合と同様であるから，課税庁の上記主張は，それ自体矛盾した内容を含むことは否定できない。しかしながら，企業組合が総会の決議によって自由に解散でき，これを行政庁に届け出ればよい（中小企業等協同組合法62①一，②）のと異なり，農業協同組合や漁業協同組合においては，総会の議決（決議）によって任意に解散しようとしても，行政庁の認可を必要とし（農業協同組合法64②，水産業協同組合法68②。なお，消費生活協同組合法62②も同旨である。），解散の方法による持分の換価に法令上の規制を受けており，このことに加えてすでに判断した企業組合や漁業生産組合における企業体としての経済的実態などをも考慮すれば，評価通達196の適用対象に関する課税庁の主張は，こと企業組合との関係において，結論として是認し得ないものではない。

⑥　これに対し，納税者らは，〔1〕企業組合の事業は，継続性，構成員の不特定多数性が明確であって，解散による財産分配は現実にほとんどあり得ない，〔2〕本件組合のように，不動産を主要な資産としている企業組合においては，純資産価額方式による払戻しを行おうとすれば，当該不動産を売却し，組合を解散することを余儀なくされるなどと主張して，評価通達196の適用は違法である旨主張する。しかしながら，解散による財産分配が頻繁に行われるものではないとしても，持分譲渡の対価が解散時の残余財産分配

請求権と無関係に決定されるとは考え難い（通常，譲渡の方法による持分の換価を選択するのは，この価額が定款によって定められた脱退の際の持分払戻額を上回るからと考えられる。）から，〔1〕をもって前記判断を覆すことはできず，〔2〕についても，問題となった企業組合の具体的資産構成によって，持分の評価方法を変えることは，大量，反復して行われる税務行政の客観性，公平性を害するといわざるを得ず，採用することはできない。以上によれば，企業組合である本件組合に対して，評価通達196を適用することは合理的であり，相続税法22条に反する違法はないと認められる。

CASE

37 貸付金の評価と回収可能性の判断

[貸付金の評価方法／貸付金の回収可能性が問題となった場合]

（参考）
東京地方裁判所　平成18年（行ウ）第275号　H19.9.5判決　TKC25463454／TAINS Z257-10770
東京高等裁判所　平成19年（行コ）第328号　H20.1.30判決　TKC25470579／TAINS Z258-10879
最高裁判所第三小法廷　H21.4.21決定　TKC25500614／TAINS Z259-11184

評価通達の意義と通達が定める貸付金債権等の評価方法の合理性について言及した事例であり，回収不可能等ではないから相続財産から控除することはできないとされた貸付金が評価対象となった。

連帯保証は，回避するべき行為であることは社会常識といってもいい。それでも連帯保証に関与するのは，保証人及び被保証人が密接な関係にあり，保証人と被保証人は，親子兄弟などの親族，同族会社と同族関係者など被保証人は保証人の財政状況を把握する立場にいることが多い。

例えば，所得税法上の譲渡所得の計算における保証債務の履行に伴う求償権の行使に関する特例の適用が少ないことも，この連帯債務に係る背景が指摘されるからである。本事案は相続税法の債務控除としての保証債務履行に関する事例であるが，やはり保証人と被保証人の密接な関係が争点といえる。

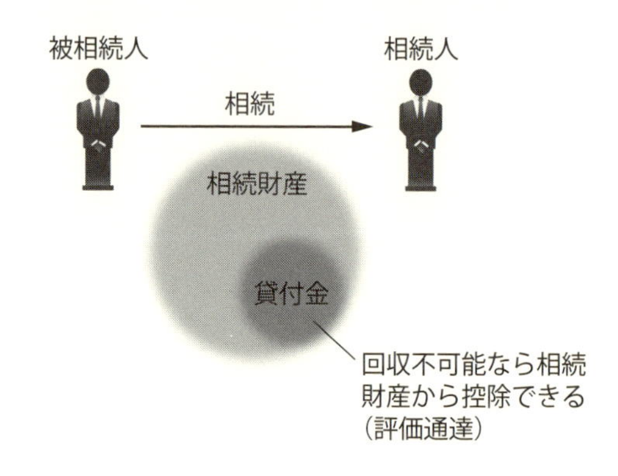

納税者の主張

① 本件会社は被相続人が死亡した平成13年5月の前から相当長期間にわたって債務超過の状況が継続しており，平成12年5月からB銀行からの借入金について約定どおり元金の返済ができない状況となり，平成12年8月以降は，更に経営が悪化し，平成12年8月1日から平成13年7月31日の決算では2,565万2,000円の当期損失を生じていて，本件会社の資力のみでは借入金の返済は不能な状況であった。

② 本件会社は，経営していた旅館の宿泊予約客を受入れるために，平成13年6月まで営業をしていたが，その後廃業し，平成15年2月14日，納税者らが相続した不動産を処分し，売却代金1億3,520万5,803円のうち，8,537万8,797円を本件各連帯保証債務の履行として同年3月10日にB銀行及びC金融公庫への各弁済に充て，本件会社は，納税者らが求償請求等を放棄し，同年7月10日，清算が結了した。

③ 本件各連帯保証債務は，主たる債務者の資産状況や支払能力からみて，連帯保証人が履行しなければならない状況にあり，かつ，求償権の行使が不能な状況にあったから，納税者らが弁済した8,537万8,797円は，相続債務として控除されるべき債務である。

課税庁の主張

① 本件会社は，C金融公庫からの借入金については，融資実行日以来，約定通りの返済を行い，B銀行からの借入金についても，金銭消費貸借契約証書及び変更契約証書等の約定どおり滞りなく返済をし，さらに本件相続開始日直前の平成13年3月30日に，B銀行から亡戊及びDを連帯保証人として金銭消費貸借契約を締結し，事業資金として1,500万円の借入をしているのであって，本件会社が本件相続開始日に，借入金の返済が不能な状態であったとはいえない。

② 本件会社の作成した欠損金の理由書や法人事業概況説明書には，平成11年7月期以降，売上が回復傾向にあったが，本件相続開始後経営難となっ

た旨記載されているのであり，本件会社の経営する旅館の総利用人員は平成11年から平成13年まで増加傾向にあり，収入金額も大幅に減少してはおらず，本件相続開始日以降も，本件会社は旅館の営業を継続していたのであって，本件相続開始日において，本件会社が旅館の経営不振によって債務の弁済不能の状態になっていたとはいえない。

③　本件会社は，相続開始時において，その営業状況，資産状況等からみて破綻している状況とはいい難く，本件貸付金は，前記評価通達205にいう回収が不可能又は著しく困難であると見込まれる状態にはなかったのであり，相続財産に算入しないことはできない。

判断の要旨

①　相続税法22条は，相続，遺贈又は贈与により取得した財産の価額は，当該財産の取得の時における時価による旨規定するところ，ここにいう「時価」とは相続開始時における当該財産の客観的交換価値をいう。しかしながら，相続財産の客観的交換価値といっても必ずしも一義的に確定されるものではないことから，課税実務においては，相続財産評価の一般的基準が評価通達によって定められ，これに定められた画一的な評価方式によって相続財産の時価，すなわち客観的交換価値を評価するものとしている。これは，納税者間の公平，納税者の便宜，徴税費用の節減という見地から，あらかじめ定められた評価方式により画一的に評価する方が合理的であるという理由に基づくものであり，相続財産の価額は，評価通達に基づき評価をすることが合理性を欠くと認められる特段の事情がない限り，評価通達に規定された評価方法で画一的に評価するのが相当である。

②　評価通達204，205は貸付金債権等の評価方法を定めるところ，貸付金債権は債務の内容が金銭の支払という抽象的な内容であり，通常元本及び利息の金額が一義的に定めることができるものである一方，取引相場のように交換価値を具体的に示すものはないから，評価通達204が，貸付金の価額を元本の金額と既経過利息との合計額で評価すると規定し，同通達205が，

手形交換所における取引の停止処分その他，債権金額の全部又は一部の回収が不可能又は著しく困難であると見込まれるときに限り，それらの金額を元本の価額に算入しないとしているのは，かかる貸付金債権の性質に照らして合理的な評価方法であるということができる。
③　本件会社については，評価通達205で列挙された手形交換所における取引の停止処分等がなかったことはもとより，債務を返済をすることが十分に可能な状態であったのであるから，本件貸付金の回収が不可能又は著しく困難であったといえないことが明らかである。

納税者らは，本件貸付金は，本件会社が資金繰りに窮し，亡戊への取締役報酬の未払分を貸付金として処理したものであり，現実に弁済を受けることを予定されていなかったことを主張するが，かかる事情は本件貸付金の債権者が債務者である本件会社の代表者であるという債権の帰属主体に係るものであって，債権それ自体としては，法律上は他の債権と同様に額面額で行使することが可能であったから，本件貸付金を相続財産として計上することを不合理ならしめる特段の事情に当たるとはいえない。

CASE 38

親族間での貸付金債権と貸付金評価の意義

[貸付金／親族間での貸付金債権の回収に係る意思の判断]

(参考)
名古屋地方裁判所　平成15年（行ウ）第68号　H16.11.25判決　TKC28141531／TAINS Z254-9834
名古屋高等裁判所　平成16年（行コ）第58号　H17.6.10判決　TKC25420198／TAINS Z255-10053

相続財産に含まれる貸付金債権に関して，評価通達における貸付金債権の意義と範囲が明示された事例である。貸付金債権の回収可能性に関する判断は，企業間における取引においても厳しい判断が要求されるが，相続税事案においても同様となる。ただ相続税事案では，債務者が被相続人と密接な関係のある企業や親族である場合が想定できることから，貸付時における当事者間の回収に係る意思の判断が難しいといえる。

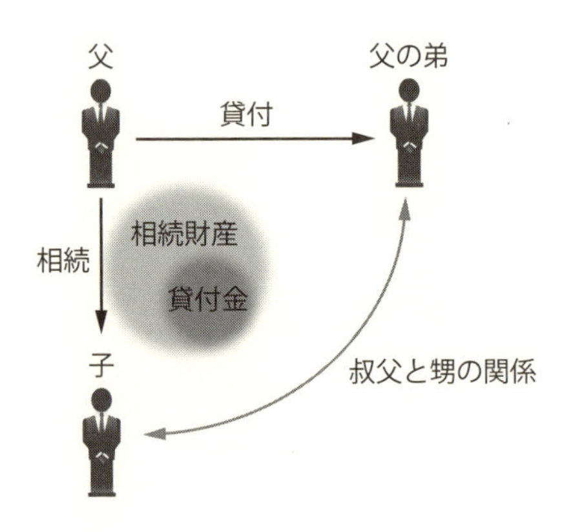

納税者の主張

債務者に対する貸付金債権等の回収可能性の判断に当たっては，一時点における資産及び負債の状況という静的な視点（いわゆる「債務超過」の視点）と，収支やキャッシュフローという動的な視点（いわゆる「支払不能」

の視点）を基本にするべきである（このような手法は破産法等において破産原因等として採用されている。）。そして，後者の視点につき，破産法における支払不能は，「債務者の資力が欠如しているために，即時に弁済すべき債務を全般にわたって一般的，継続的に支払うことができないと認められる客観的状態」をいうと解されているところ，〔1〕資力の判定に当たっては，債務者の信用や労力等を総合的に判断しなければならないという点，〔2〕即時に弁済すべき債務を一時的，継続的に弁済できないという点，〔3〕債務者の客観的状態でなければならないという点に留意すべきである。

課税庁の主張

貸付金債権の評価に関しては，評価通達 204 によれば，元本と課税時期現在の既経過利息として支払を受けるべき金額との合計金額によって評価する旨定められている。そして，評価通達 204 を踏まえたうえで，同通達205 は，「前項の定めにより貸付金債権等の評価を行う場合において，その債権金額の全部又は一部が，課税時期において次に掲げる金額に該当するときその他その回収が不可能又は著しく困難であると見込まれるときにおいては，それらの金額は元本の価額に算入しない。」としたうえで，「次に掲げる金額」を元本不算入事由として例示的に列挙し，債務者が手形交換所において取引停止処分を受けたとき，会社更生手続，和議の開始の決定があったとき，破産の宣告があったときなどの貸付金債権等の金額及び和議の成立，整理計画の決定，更生計画の決定等により切り捨てられる金額等を掲げている。上記の各要件は，いずれも，債務者の営業状況，資産状況等が客観的に破綻していることが明白であって，債権の回収の見込みがないことが客観的に確実であるときを指している。

したがって，同通達本文中の「その他その回収が不可能又は著しく困難であると見込まれるとき」というのは，「次に掲げる金額に該当するとき」に準ずるものであって，それと同視し得る程度に債務者の営業状況，資産状況等が客観的に破綻していることが明白であって，債権の回収の見込みがないことが客観的に確実であるといえるときであることが必要であると解される（もっとも，仮に貸付金債権等が額面金額以下で取引されるなどの事実があり，その時価が明らかに算定できるのであれば，その時価で評価することは当然にあり得る。）。

判断の要旨

① 評価通達204は，貸付金債権等の価額は，元本の価額（返済されるべき金額）と利息の価額（課税時期現在の既経過利息として支払を受けるべき金額）との合計額によって評価する旨定めているが，これは，貸付金債権等の実質的価値は，通常，その受け取ることのできる金額，すなわち返済されるべき元本金額と課税の基準時点までの既経過利息を合わせた金額によって定まることを明らかにしたものであって，その回収可能性が肯定される限り，その合理性について異論を挟む余地のないことが明らかである。
② 評価通達205は，同204を踏まえて，その債権金額の全部又は一部が，課税時期において以下に掲げる金額に該当するときその他その回収が不可能又は著しく困難であると見込まれるときにおいては，それらの金額は元本の価格に算入しないとし，具体的には，〔1〕債務者について，一般の破産原因である支払不能を推定させる支払停止の典型例である手形交換所における取引停止処分，会社更生手続，和議（民事再生），会社整理，特別清算，破産等の法的倒産手続の開始，業況不振等による事業廃止又は6か月以上の休業などの事実が生じたときには，担保権によって保全されている金額を除いた貸付金債権等の金額を元本の価格には算入しないこと，〔2〕和議（上同）の成立，整理計画の決定，更生計画の決定又は任意整理手続における債権者集会の協議により，債権の切捨て，棚上げ，年賦償還等の決定があった場合において，これらの決定のあった日現在におけるその債務者に対して有する債権のうち，その決定により切捨てられる部分の債権の金額，弁済までの据置期間が決定後5年を超える場合におけるその債権の金額及び年賦償還等の決定により割賦弁済されることとなった債権の金額のうち，課税時期

後５年を経過した日後に弁済されることとなる部分の金額を元本の価格には算入しないこと，〔3〕当事者間の契約により債権の切捨て，棚上げ，年賦償還等が行われた場合において，それが金融機関のあっせんに基づくものであるなど真正に成立したものと認めるものであるときにおけるその債権の金額のうち〔2〕に掲げる金額に準ずる金額を元本の価格には算入しないことなどを定めている。

③　評価通達205の趣旨は，原則的な取扱準則である同204を，貸付金債権等の回収が不可能又は著しく困難であると見込まれる場合にまで適用してその額面金額で評価するのは甚だ不合理であることから，このような金額については評価の対象から外すことを許容したものであり，いわば同204の例外規定を定めたものであるから，それ自体としては，合理的なものと評価することができる。

④　上記の事由に準ずるものであって，それと同視し得る事態に当たらない場合であっても，貸付金債権の回収可能性に影響を及ぼし得る要因が存在することがうかがわれる場合には，評価時点における債務者の業務内容，財務内容，収支状況，信用力などを具体的総合的に検討したうえで，その実質的価値を判断すべきものである。

CASE

39 評価通達の定める基準年利率の適用

[債務控除／無利息債務の評価において使用するべき複利現価率]

(参考)
大阪地方裁判所　平成17年（行ウ）第4号　H19.11.14判決　TKC25450021／TAINS Z257-10821
大阪高等裁判所　平成19年（行コ）第130号　H20.11.27判決　TKC25470980／TAINS Z258-11083

相続財産の価額から控除した保証金債務の無利息債務の評価において，評価通達が定める基準年利率の適用が争点となった事例である。 低金利時代である現在，裁判所も指摘するように，評価通達の定める基準年利率がその時点における我が国の代表的な金融資産の金利の利率よりも相当高めに設定されていたことにもかんがみると，少なくともその旨を評価通達自体又はこれに準ずる基本的な通達等において明確に規定することによりこれを周知すべきである。

納税者の主張

① 相続税における財産評価は「時価」又は「現況」を求めるものであるが，絶対的に正しい時価を算定することは困難であるから，納税者に不利にならないよう，評価の安全性を考慮して余裕をみることによって，結果的に時価の範囲内に収めることが多い。しかしながら，債務の評価は，額面金額と，一定の年利率による複利現価率という二つの要素によって決定されるから，

年利率の認定に当たって評価の安全性を考慮しなければ，その評価は直ちに時価を下回り，納税者に不利となる。特に，本件保証金のように，弁済期まで約50年の期間があるような長期債務については，これに適用すべき利率を予測することは極めて困難である。また，債務の評価に用いるべき利率は，債権の評価に用いるべき利率と理論的には同一であろうが，現実に同一の年利率を適用するとすれば，その年利率が絶対的に正しい利率でない限り，債権か債務のいずれかの評価が必ず時価を超過することになり，違法とならざるを得ない。そうであるとすれば，たとい財産評価のための年利率が4.5パーセントであったとしても，それを債務評価のための年利率とすべき必然性はない。

② 本件相続の開始時点における長期国債の応募者利回りは年1.73パーセント，定期預金の預入期間別（10年）平均金利は0.78パーセント，長期プライムレートは年2.15パーセント，新発10年もの長期国債の約定利率は年1.8パーセントであったことから，原告は，本件申告及び本件修正申告に当たって本件保証金債務額を算出するに際し，上記各利率のうち年1.8パーセントを通常の利率として用いたものである。そして，相続税法22条にいう「現況」とは，課税時期の時点における債務の評価額でなければならないことからしても，納税者主張の利率が通常の利率の範囲内にあることは明らかである。

課税庁の主張

① 相続税の課税対象となる相続財産は多種多様であり，その時価は必ずしも一義的に確定されるものではないところ，相続財産を個別の相続ごとに個別に評価する方法を採ると，担当者により，評価方式，基礎資料の選択・評価等が異なったりし，同一の財産の評価が区々に分かれることが生じ，課税の公平性，統一性，安定性が損なわれ，また，課税庁の事務負担が加重となり，課税実務の迅速性も失われる。このような見地から，評価通達をもって，客観的・画一的な評価基準を示し，それをもって相続財産を評価することに

は合理性がある。

② 評価通達は基準年利率を4.5パーセントと定めているから，無利息債務の評価に用いられる複利現価率を求める際にも，「通常の利率」としてはこれを用いるべきである。現に，各税務署に備付けてある財産評価基準書及び国税庁ホームページに掲載されている評価通達の解説に参考として付された複利表（以下「本件複利表」という。）には，「年4.5％の複利現価」等がその年数とともに記載されており，その「注2」には，「複利現価は，特許権，定期金に関する権利，信託受益権，清算中の株式，無利息債務等の評価に使用する。」との記載があるとおり，課税実務上，無利息債務の評価にも基準年利率を統一的に適用しているところである。

③ 納税者は，基準年利率が無利息債務の評価に用いられる複利現価率を求める際の前提となる利率とするについては法令や通達に定めがない旨主張する。確かに，評価通達は直接債務の評価には触れていないが，債権と債務とで「通常の利率」を異にする理由はないうえ，本件保証金の返還債務に限ってみても，前記のとおり，債務控除額の評価と定期借地権等の価額の評価は同一財産の表裏の関係にあり，それぞれに異なる利率を適用することは合理性を欠くというべきであって，評価通達における基準年利率は債務の評価にも適用するのが相当である。本件複利表における「複利現価は，特許権……無利息債務等の評価に使用する。」との説明も，債権及び債務の評価に際しては，それぞれ同一の通常の利率を採用すべきという当然の理を示したにすぎないものと解される。現に，評価通達においても，基準年利率が定期借地権等に係る財産評価一般に画一的に採用されているのであり，評価通達は，あらかじめ定められた客観性の高い基準により画一的な評価方法を採ることで，課税の公平性を確保し，納税者の便宜を図る等の役割を果たしているのである。また，私法においても，法定利率は債権，債務双方に共通する利率となっており（民法404），将来の請求権を現在価額に換算して配当を行うに際して法定利率によることを規定する民事執行法88条2項等も債権債務が表裏関係にあることを前提としているうえ，基準年利率自体が法定利率を

下回っていることからも，その合理性が基礎付けられるというべきである。
④　納税者は，平成16年改正において基準年利率の算出方法が変更されていることから，本件相続に係る相続税に適用される基準年利率の算出方法が不合理であることを国税庁自身認めている旨主張する。しかしながら，平成16年改正は，いわゆる超低金利が継続し，長期国債の応募者利回りと長期プライムレートとが約10年の景気循環のサイクルを超えて長期的な下落傾向になったとの当時の社会経済情勢に対する認識や，期間の長短に応じたリスクも考慮することが適切であるとの考慮から，従来の基準年利率の算出方法を変更したものであって，それまでは過去10年間の長期国債の応募者利回りと長期プライムレートの平均を基に基準年利率を定める考え方が合理的と判断され，維持されてきたのであるから，本件相続の開始時点においてこのような考え方が破綻していたという事実はない。

判断の要旨

①　課税庁は，評価通達は基準年利率を4.5パーセントと定めているから，本件保証金のような無利息債務の評価に用いられる複利現価率を求める際にもこれを用いることが課税の公平性，統一性，安定性の観点から合理的である旨主張する。確かに，評価通達は，基準年利率を「財産の評価において適用する年利率」としており，債務の現況による評価にも適用することを定めた明文の規定を置いておらず，他に，評価通達に準ずる基本的な通達等において，基準年利率を本件のような無利息債務等の評価にも適用すべきことを定めた規定はない。もっとも，評価通達の基準年利率に関する定めが無利息債権を含む金銭債権の評価に適用されることは明らかであるところ，債権と債務とが表裏の関係にあり，債務の評価もその経済的価値の評価という点において債権の評価と異なるところはないことに加えて，評価通達27-2及び同27-3が，定期借地権等の評価及びその前提となる定期借地権等の設定の時における借地権者に帰属する経済的利益の総額の計算において，保証金等の額に相当する金額の運用益相当額につき基準年利率により算定すべきもの

と定めていることとの対比からすれば，課税庁の主張するとおり，評価通達の上記基準年利率に関する定めが財産のみならず債務の評価にも適用されるものと解することは，少なくとも評価通達自体の解釈として直ちに不合理であるということはできない。しかしながら，相続税の課税標準の算定に当たり，経済的価値の評価基準として，同一の基準を積極財産の評価に適用する場合と債務，すなわち，消極財産の評価に適用する場合とでは，納税者の利害が相反することからすれば，規定の文言上は積極財産の評価のための基準として定められた基準年利率に関する上記定めが消極財産としての債務の評価にも当然に妥当するとの趣旨を評価通達自体から一般の納税義務者が容易に読み取ることができるか否かについては疑問の余地がある。

② 本件相続が開始した平成 12 年当時は，我が国において歴史的な低金利状態が続いていた時期であり，評価通達の定める基準年利率がその時点における我が国の代表的な金融資産の金利の利率よりも相当高めに設定されていたことにもかんがみると，評価通達の上記基準年利率に関する定めを債務の評価にも適用するのであれば，少なくともその旨を評価通達自体又はこれに準ずる基本的な通達等において明確に規定することによりこれを周知すべきであり，評価通達に参考として付された複利表の注の 2 には，「複利現価は，特許権，定期金に関する権利，信託受益権，清算中の株式，無利息債務等の評価に使用する。」との記載があること，財団法人大蔵財務協会の作成に係る「財産評価基本通達逐条解説」には，基準年利率について定める評価通達 4-4 の解説において，参考として，無利息債務についても，実務上，財産の評価の場合に準じて基準年利率を用いた計算を行い，控除すべき債務の額としている旨の記載があることがそれぞれ認められるが，いずれも，課税当局が基準年利率を無利息債務の評価にも用いるべきものと考えている事実を納税者に対して周知する方法として十分であるとはいい難い。)，評価通達の上記基準年利率に関する定めは，債務の評価にも適用するための規定としては，明確性を欠く嫌いがあるといわざるを得ない。

著者紹介

林　仲宣
（はやし　なかのぶ）

1952年　愛知県豊橋市生まれ
現　在　税理士
明治学院大学大学院経済学研究科，専修大学大学院法学研究科，中京大学大学院法学研究科各非常勤講師

最近の著書
（単著）
税社会学（税務経理協会）2003年
地方分権と地方税システム（中央経済社）2005年
所得税法・消費税法の論点（中央経済社）2005年
租税手続法の解釈と適用（税務経理協会）2009年
地方分権の税法学（税務経理協会）2011年
租税基本判例120選〔改訂版〕（税務経理協会）2014年
（共編著）
交際費税務に生かす判例・裁決例53選（税務経理協会）2010年
はじめての租税法（成文堂）2011年
ガイダンス税法講義〔改訂版〕（税務経理協会）2011年
贈与税対策に生かす判例・裁決例45選（税務経理協会）2012年
今のうちから考えよう相続税対策のはじめ方（日本加除出版）2014年
重要判決・裁決から探る税務の要点理解（清文社）2015年

著者との契約により検印省略

平成27年2月1日　初　版　発　行

実務のための
財産評価判例集

著　　者　林　　　仲　　宣
発 行 者　大　坪　嘉　春
製 版 所　美研プリンティング株式会社
印 刷 所　税経印刷株式会社
製 本 所　株式会社三森製本所

発 行 所　東京都新宿区 下落合2丁目5番13号　株式会社 税務経理協会

郵便番号 161-0033　振替 00190-2-187408　電話 (03) 3953-3301 (編集部)
FAX (03) 3565-3391　(03) 3953-3325 (営業部)
URL http://www.zeikei.co.jp/
乱丁・落丁の場合はお取替えいたします。

ISBN978－4－419－06199－9　C3033